本成果受到中国人民大学 2018 年度"中央高校建设世界一流大学（学科）和特色发展引导专项资金"支持

智库中社 国家智库报告 2018（46）
National Think Tank

经 济

贸易摩擦的属性、影响与对策

王孝松　刘晓光　武皖　著

THE ATTRIBUTES, IMPACTS AND COUNTERMEASURES
OF TRADE FRICTION

中国社会科学出版社

图书在版编目(CIP)数据

贸易摩擦的属性、影响与对策/王孝松,刘晓光,武皖著.—北京:中国社会科学出版社,2018.12

(国家智库报告)

ISBN 978 - 7 - 5203 - 3439 - 6

Ⅰ.①贸…　Ⅱ.①王…②刘…③武…　Ⅲ.①对外贸易—研究—中国　Ⅳ.①F752

中国版本图书馆 CIP 数据核字(2018)第 248471 号

出 版 人	赵剑英
项目统筹	王　茵
责任编辑	喻　苗
特约编辑	郭　枭
责任校对	李　剑
责任印制	李寡寡

出　　版	中国社会科学出版社
社　　址	北京鼓楼西大街甲 158 号
邮　　编	100720
网　　址	http://www.csspw.cn
发 行 部	010 - 84083685
门 市 部	010 - 84029450
经　　销	新华书店及其他书店

印刷装订	北京君升印刷有限公司
版　　次	2018 年 12 月第 1 版
印　　次	2018 年 12 月第 1 次印刷

开　　本	787 × 1092　1/16
印　　张	6.5
字　　数	65 千字
定　　价	36.00 元

摘要： 此次中美贸易摩擦是美国从战略上遏制中国的集中表现，同 20 世纪 80 年代美日贸易摩擦，既有相同之处，又有显著差异。相同之处在于，都属于守成大国对新兴崛起大国的天然压制，且守成大国对新兴崛起大国都存在巨额的贸易逆差。然而，与美日贸易战不同的是，中美存在根本的意识形态分歧，并且中国在诸多经济指标方面紧追美国，因此，美国挑起对华贸易战不仅仅是经贸利益的争夺，更是美国冷战思维的蔓延和全面打压中国的第一步，未来贸易摩擦与争端将持久而严峻。中美之间技术差距不断缩小导致美国对中国高科技产业发展产生恐慌，也是此次争端中美方特别关注技术转移的原因。中国的科技实力迅速提高，而美国技术进步则逐渐放缓，特别是领先技术的发明愈发困难，中美之间的技术差距不断缩小，这导致美国对中国高科技产业发展产生恐慌。此次贸易战是在逆全球化盛行、贸易保护主义抬头的背景下爆发的。中国长期以来已经成为贸易保护主义打击的重要对象，遭受了来自各国的严重的非关税贸易壁垒。美国不仅对中国发起贸易战，还对欧盟、加拿大、墨西哥等盟友挑起贸易摩擦。因此，贸易战是在逆全球化背景下，美国试图改变现行多边贸易体系的运行方式、重构国际经贸规则的重要手段。

如果中美贸易摩擦限定在 500 亿美元商品范围内，

对中国的出口、经济增长和社会福利影响有限；限定在 2500 亿美元商品范围内，风险可控；但随着贸易摩擦加剧，中国的福利损失会不断增加，极端情况下负面影响将十分严重，因此要防止贸易战升级。即使美国和欧盟达成零关税协议，对中国的进出口、经济增长和社会福利的影响也十分有限；而对美国的福利状况会产生一定改善。技术进步是扭转外部环境不利因素的重要力量，当技术提升达到一定程度时，中国的社会福利和 GDP 将大幅度上升，且会对美国造成负面冲击。美国挑起的贸易摩擦直接加剧了中国经济的不确定性，使投资者对中国市场信心下降，导致了一段时间内人民币快速贬值和资本异动。跨境资本流动尚处于比较平稳的水平，尽管短期内汇率出现了异动，但是尚未引起资金的大规模跨境转移。美国可以通过多种途径将贸易战向金融领域扩展，中国可能将因此而发生更为严重的金融风险。美国 2018 年 8 月初通过的外国投资审查法案改革措施将增加中国对美投资的难度与不确定性，在中美战略竞争和贸易战的大背景下，中国对美正常商业投资可能面临更严重的泛政治化阻挠，相对于审查结果，新法案更重要的影响在于对交易各方的心理冲击，这可能会继续导致中国对美投资规模的大幅减少。

在应对贸易战的过程中，要本着"坚守底线、消除误解、正视问题"的原则，妥善解决不同性质的分歧与冲突。贸易摩擦可以成为中国深化改革开放的外部推动力量，中国各界要审视自身存在的问题，进一步深化改革、扩大开放。贸易战极有可能引发国际经贸规则加速重构，中国要坚持多边原则，争取对自身有利的重构方案，不断提升国际话语权。发生不利的外部冲击时，国内各界信心非常重要，中国要探索稳定信心的方案与策略。科技实力是立国之本，中国未来要加大科技研发投入，提高研发水平和效率，产出原创性领先技术。

关键词： 中美贸易摩擦；外部环境；深化改革开放；技术创新

Abstract: This trade war is a concentrated manifestation of the United States strategically containing China. It has similarities and significant differences with the US-Japan trade frictions in the 1980s. The similarity lies in the fact that all of them are the natural suppression of the emerging powers by the established big power, and the established big power has huge trade deficits with emerging powers. However, unlike the US-Japan trade war, there are fundamental ideological differences between China and the United States, and China is closely following the United States in many economic indicators. Therefore, the United States has provoked a trade war against China not only for economic and trade interests, but for the spread of the US Cold War mentality and taking the first step in an overall suppression of China, and the future trade frictions and disputes will be lasting and severe. The narrowing of the technological gap between China and the United States has caused the United States to panic about the development of China's high-tech industry, which is the reason why the US has paid special attention to technology transfer in this dispute. China's technological strength has rapidly increased, while US technological progress has gradually slowed down, and more importantly, the invention of leading technologies has become increasingly difficult. The technological gap between China and the United States has been shrinking, which has led to the US panic about the development of China's high-tech industry. The trade war broke out in the context of the prevalence of anti-globalization and the rise of trade protectionism. China has long been an important target of trade protectionism and has suffered from serious non-tariff trade barriers from various countries. The United States not only has launched a trade war against China, but also has provoked trade frictions against allies such as the European Union, Canada, and Mexico. Therefore, the trade war is an important means for the United States to change the way the current multilateral trading system operates and to reconstruct international economic and trade rules in the context of counter-globalization.

If Sino-US trade friction is limited to $50 billion of goods, it has limited impacts on China's exports, economic growth and social welfare, and to $250 billion of goods, the risk is still controllable. However, as the trade friction escalates, China's welfare losses will continue to increase. In an extreme case, the negative impacts will be very serious, so it is necessary to prevent the trade war from escalating. Even if the United States and the EU reach a zero-tariff agreement, the impacts on China's imports and exports, economic growth and social welfare are very limited, while the welfare situation in the United States will be improved. Technological progress is an important force to reverse the unfavorable factors of the external environment. When the technological advancement reaches a certain level, China's social welfare and GDP will rise sharply and will have negative impacts on the United States. The trade war provoked by the United States directly aggravates the uncertainty of the Chinese economy and causes investors' confidence in the Chinese market to decline, leading to the recent rapid depreciation of the RMB and capital movements. Cross-border capital flows are still at a relatively stable level, though the exchange rate has changed in the short term, it has not caused large-scale cross-border transfer of capital. The United States can expand the trade war to the financial sector through various channels, and China may have even more serious financial risks. The Foreign Investment Risk Review Modernization Act passed by the United States will increase the difficulty and uncertainty of China's investment in the United States. Under the background of China-US strategic competition and trade wars, China's normal business investment in the United States may face more serious political obstruction. Relative to the results of the review, the most important impact of the new bill is the psychological impact on all parties to the transaction, which may continue to lead to a significant reduction in the size of China's investment in the United States.

In the process of dealing with the trade war, we must properly resolve differences and conflicts of different natures in line with the principle of "holding the bottom line, eliminating misunderstandings, and facing problems". The trade war can become an external driving force for China to deepen reform and opening up. All lines of work in China must examine their own problems and deepen reform and expand opening up in the future. The trade war is very likely to trigger the accelerated restructuring of international economic and trade rules, China must adhere to multilateral principles, strive for a reconciliation plan that is beneficial to itself, and continuously enhance the international discourse power. When adverse external shocks occur, confidence in all sectors of the country is very important, China needs to explore solutions and strategies to stabilize confidence. The strength of science and technology is the foundation of the country, China should increase investment in science and technology R&D in the future, improve the level of R&D and efficiency, and produce original leading technology.

Key Words：Trade Friction between U. S. and China；External Environment；Deepening Reform and Opening up；Technological Innovation

前　言

2017 年 1 月，特朗普就任美国总统，自此他以重振美国制造业、维护工人利益为理由，对外实施了一系列贸易保护措施。2017 年 8 月，特朗普授权美国贸易代表办公室（USTR）对中国贸易行为展开调查，该调查依据美国《1974 年贸易法》的"301 条款"①，主要调查中国在技术转移、知识产权和创新方面的行为、政策和实践是否具有不合理性或歧视性，以及是否对美国商业造成负担或形成限制。历经约半年的调查之后，美国贸易代表办公室于 2018 年 3 月发布长达 215 页的调查报告，认定中国在技术转移、知识产权和创新等领域存在不公平行为，并将中国诉诸 WTO，随后于 2018 年 4 月宣布将对中国价值 500 亿美元的产品加

---

① 根据"301 条款"，在对外贸易中，如果一国实施不公平政策并妨碍美国商业的发展，美国总统可以通过暂停贸易协议优惠、征收关税、进口限制等措施对该国进行制裁。

征 25% 的关税。之后，中方积极与美方进行谈判，以期能以和平的方式化解双方之间的贸易摩擦，但并未能如愿以偿，中国于 2018 年 6 月宣布将同样对美国价值 500 亿美元的产品加征 25% 的关税，中美贸易战就此正式打响。之后，美国对中国加征关税的商品规模不断增加，致使中美贸易摩擦不断升级（详见表 1）。

本报告将首先从历史数据出发，揭示本次中美贸易摩擦的特征与属性；随后在第二部分使用可计算一般均衡方法对本次中美贸易摩擦的影响进行模拟；第三部分根据美国发布的相关报告，提炼出中美分歧和冲突的聚焦点，并对美方提出的问题进行解析和澄清；第四部分为政策建议，提出以深化改革开放妥善解决中美贸易摩擦的具体方案。

表 1 中美贸易摩擦的主要事件

时间	国家	事件
2017 年 8 月 14 日	美国	特朗普签署备忘录，授意 USTR 对中国知识产权等领域展开调查
2017 年 8 月 18 日	美国	USTR 宣布对中国展开"301 调查"
2017 年 9 月 15 日	中国	商务部副部长兼国际贸易谈判副代表俞建华在美国首都华盛顿会见美国 USTR 法律总顾问凡戈，就美国对华发起"301 调查"进行严正交涉
2018 年 3 月 22 日	美国	特朗普签署备忘录，授意 USTR 就"301 调查"对中国采取制裁措施；USTR 公布"301 调查"报告及情况说明书
2018 年 3 月 23 日	美国	USTR 就技术许可要求将中国诉诸 WTO

续表

时间	国家	事件
2018 年 3 月 23 日	美国	USTR 再次发布"301 调查"报告
2018 年 4 月 3 日	美国	USTR 发布针对中国的 500 亿美元关税清单
2018 年 4 月 4 日	中国	中国公布对美加征 25% 关税 500 亿美元的商品清单
2018 年 4 月 5 日	美国	美国贸易代表罗伯特·莱特希泽发表声明，支持特朗普的决定
2018 年 4 月 16 日	美国	美国商务部宣布禁止中兴通讯从美国购买特定产品
2018 年 4 月 19 日	中国	中国商务部表示随时准备采取必要措施，维护中国企业合法权益
2018 年 4 月 27 日	美国	USTR 发布"301 特别报告"，涉及 36 个国家
2018 年 5 月 3—4 日	中国、美国	美国财政部长姆努钦等美方代表赴华，双方就贸易不均衡、知识产权、合资技术和合资企业等领域进行了磋商，部分问题达成共识，双方同意建立工作机制保持密切沟通
2018 年 5 月 14 日	美国	USTR 宣布将在 2018 年 5 月 15—17 日对 4 月 3 日公布的 500 亿美元关税清单举行公众听证会
2018 年 5 月 16—19 日	中国、美国	习近平主席特使、国务院副总理刘鹤等中方代表赴美国，就贸易问题与美国财政部长姆努钦、商务部长罗斯和贸易代表罗伯特·莱特希泽等美方代表进行磋商，并于 5 月 19 日发表联合声明，称将采取有效措施实质性减少美国对华货物贸易逆差，双方将在知识产权保护方面加强合作，努力创造公平竞争营商环境等，并放弃对中国 500 亿美元商品加征 25% 的关税
2018 年 5 月 29 日	美国	特朗普宣布将继续对 500 亿美元中国商品加征 25% 的关税
2018 年 5 月 29 日	中国	中方发表声明，督促美国按照联合声明精神相向而行
2018 年 5 月 30 日至 6 月 3 日	中国、美国	美国商务部长罗斯等美方代表与国务院副总理刘鹤等中方代表在中国就两国经贸问题进行磋商。6 月 3 日，中方发表声明称一切磋商成果生效均以美国取消加征 500 亿美元商品 25% 关税为前提
2018 年 6 月 15 日	美国	USTR 更新 500 亿美元关税清单，明确表示加征关税行业主要涉及《中国制造 2025》相关行业，并宣布其中 340 亿美元产品的关税将于 2018 年 7 月 6 日生效，160 亿美元关税清单将继续收集公众意见

续表

时间	国家	事件
2018 年 6 月 16 日	中国	中国宣布对美国 500 亿美元加征关税商品中的 340 亿美元将于 2018 年 7 月 6 日生效
2018 年 6 月 18 日	美国	特朗普宣布将对价值 2000 亿美元的中国商品加征 10% 的关税,美国贸易代表罗伯特·莱特希泽发表声明支持特朗普的决定
2018 年 6 月 28 日	中国	中国国家发改委和商务部共同发布《外商投资产业指导目录(2017 年修订)》,中国基本完全开放制造业,大幅扩大服务业开放程度,放宽农业和能源资源领域准入资格
2018 年 7 月 2 日	中国、美国	历经 3 个月的交涉,中兴通讯在改组董事会、缴纳 10 亿美元罚金和 4 亿美元保证金后,美国商务部发布公告称,从发布公告之日起,美国将有条件地解除对中兴通讯的出口禁令
2018 年 7 月 6 日	中国、美国	340 亿美元关税生效,USTR 宣布在 2018 年 10 月 9 日之前,美国企业可以就已生效商品申请免征额外关税
2018 年 7 月 6 日	中国	中国就美国对中国"301 调查"项下的征税措施将美国诉诸 WTO
2018 年 7 月 10 日	美国	美国贸易代表罗伯特·莱特希泽发表声明,声称中国对美国 500 亿美元商品加征关税不合理,并公布了对中国 2000 亿美元关税清单
2018 年 7 月 16 日	中国	中国就美国"301 调查"项下对中国 2000 亿美元产品征税建议措施诉诸 WTO
2018 年 7 月 23 日	美国	USTR 宣布将在 2018 年 7 月 24—25 日对中国的 160 亿美元关税清单举行公众听证会
2018 年 7 月 24 日	美国	美国农业部宣布将向受贸易摩擦影响的农民提供 120 亿美元补贴
2018 年 8 月 1 日	美国	美国贸易代表罗伯特·莱特希泽发表声明,宣布 2000 亿美元加征关税从 10% 提升到 25%;美国商务部发布公告,宣布将 44 家中国企业列入出口管制"实体清单",其中包括多家电子、航空研究机构

续表

时间	国家	事件
2018 年 8 月 3 日	中国	中国国务院关税税则委员会宣布将对原产于美国的 600 亿美元商品，加征 5%—25% 不等的关税
2018 年 8 月 7 日	美国	USTR 宣布对中国 160 亿美元加征关税清单将于 2018 年 8 月 23 日生效
2018 年 8 月 8 日	中国	中国宣布对美国 160 亿美元加征关税清单将于 2018 年 8 月 23 日生效
2018 年 8 月 16 日	中国、美国	中国商务部发布消息，应美方邀请，商务部副部长兼国际贸易谈判副代表王受文于 2018 年 8 月下旬率团访美，就中美经贸问题与美方进行磋商
2018 年 8 月 17 日	美国	USTR 宣布将在 2018 年 8 月 20—24 日及 8 月 27 日对 2000 亿美元关税清单举行公众听证会。听证会进行期间，听证会后的反驳意见提交截止日期从 8 月 30 日延期至 9 月 6 日
2018 年 8 月 22—23 日	中国、美国	应美方邀请，商务部副部长兼国际贸易谈判副代表王受文率中方代表团赴华盛顿与美国财政部副部长莫尔帕斯率领的美方代表团就双方经贸问题进行了交流。之后，双方各自发表了声明，谈判未有明显进展
2018 年 8 月 23 日	中国、美国	中美双方对对方的 160 亿美元加征关税清单生效；中国在 WTO 起诉美国"301 调查"项下对华 160 亿美元输美产品实施的征税措施
2018 年 8 月 20—24 日及 8 月 27 日	美国	USTR 举行了对中国 2000 亿美元商品加征关税的听证会，听证会上，达 90% 的代表表示反对
2018 年 9 月 17 日	美国	USTR 宣布对中国 2000 亿美元商品加征关税清单将于 2018 年 9 月 24 日生效，最初加征 10%，在 2019 年 1 月 1 日后加征 25%
2018 年 9 月 18 日	中国	中国宣布对美 600 亿美元关税清单将于 2018 年 9 月 24 日生效，加征关税为 5% 或 10%

资料来源：笔者根据 USTR、中国商务部发布的官方文件整理而得。

目　　录

一　本次中美贸易摩擦的
特征与属性

（一）　美国经济发展的总体状况

2018年以来，中美贸易摩擦迅速升级，多轮谈判无果，贸易战随即打响。与以往美国多在经济下行时制造贸易摩擦以对国内进行反周期调节不同，特朗普发动的本轮贸易战是在美国国内经济景气、同时贸易逆差收窄时进行的。在中美谈判中，美国似乎也并没有对中国做出的扩大从美国进口的承诺表现出特别大的兴趣。随着2018年7月美欧日零关税自由贸易协定逐渐达成共识，美国大有退出WTO重新组群进而营造围堵中国之势。因此，对中国而言，需要尽快做出明确判断，美国的战略意图究竟是什么，以更好地设计预案。

一方面，从2018年美国国内的经济形势看，其主要经济指标表现强劲，宏观经济形势稳中向好。首先，美国经济增长保持良好势头。2018年第一季度，美国

GDP 增速（环比折年率）达到 2.3%，为近年来同期的最高水平，第二季度实际 GDP 增速进一步上升到 4.1%，比第一季度增速提升 1.9 个百分点，达到近年来的最高增速水平。

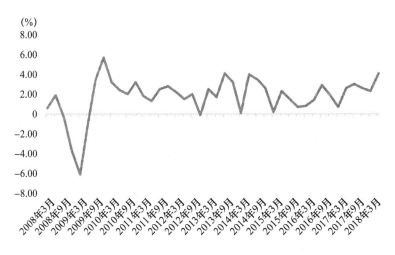

图 1-1　2008—2018 年美国实际 GDP 增长（环比折年率）
资料来源：笔者根据 Wind 数据库中的原始数据整理制作。

其次，美国失业率持续下降，创下近 10 年来的新低。2010 年以来，美国失业率从 9.9% 的高点持续下降。进入 2018 年第二季度以来，美国失业率已经下降至 4% 以下，其中 7 月失业率为 3.9%，进一步延续向好态势。从失业率指标看，美国经济可能已经进入充分就业状态。美联储启动加息进程，也表明美国经济和就业状况处于较好状态。

最后，从景气度来看，美国消费者和投资者信心指数不断攀升。2010 年以来，美国消费者信心指数不

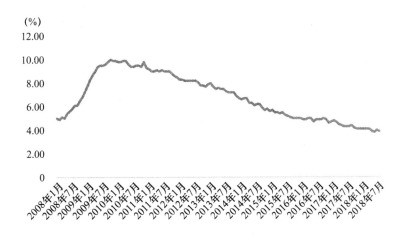

图 1－2　2008—2018 年美国失业率

资料来源：笔者根据 Wind 数据库中的原始数据整理制作。

断回升，特别是 2017 年以来，美国消费者信心指数已经恢复至接近 100 的高位；与此同时，美国投资信心指数也呈现波动上升的趋势，近两年维持在较高水平。

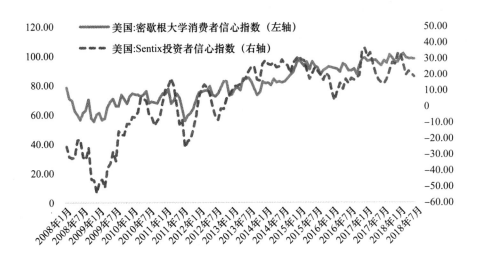

图 1－3　2008—2018 年美国消费者和投资者信心指数

资料来源：笔者根据 Wind 数据库中的原始数据整理制作。

　　另一方面，从贸易不平衡的角度看，尽管中国目前仍然保持着贸易顺差，但是自 2008 年国际金融危机以来，已经有了根本性的调整。中国贸易顺差占 GDP 的比重快速下降，从 2007 年的 8.7%，快速下降至 2017 年的 1.7%，已经低于 2000 年中国加入 WTO 前 2.4% 的水平。相应地，尽管美国保持着贸易逆差，但贸易逆差占 GDP 的比重从 2007 年的 4.9%，减少至 2017 年的 2.9%，已经小于中国加入 WTO 前 3.7% 的水平。事实上，从更长期的历史数据看，美国自 20 世纪 70 年代以来，就一直保持着较大幅度的贸易逆差，这与美元作为国际货币为美国向全球融资的机制有关。

图 1-4　1978—2017 年中美两国贸易余额占 GDP 比重
资料来源：笔者根据 Wind 数据库中的原始数据整理制作。

　　因此，需要重新认识特朗普政府 2017 年年底公布的首份国家安全战略报告，其将中国定位为美国"战略上的竞争对手"。自 1986 年以来，美国国会要求每位总统为国家安全制订一个明确计划，在过去 30 年里已经有 16 份报告。2017 年 12 月，特朗普政府公布了执政以来的首份国家安全战略报告，其中将美国国土安全、促进美国繁荣、以力量求和平、提升美国影响力作为四个核心国家利益。报告认为，美国当前所处的世界正迎来更为激烈的竞争，美国必须保持竞争心态，经济安全即美国的国家安全。

如今看来，特朗普政府正在执行这份国家安全战略报告，而且执行力度远远超出了早前的预期。中国在经济规模上的快速追赶令美国感受到压力，特别是制造业规模达到美国的 159%，影响到了"美国的影响力"这一核心利益乃至国家安全。在此背景下，美国开始担忧中国在技术领域的全面追赶。近年来，中国通过一系列发展规划以及产业政策，大力发展高新技术。根据已有的总体发展规划，国家各部门也出台相关的具体产业政策，以保证相应工作部署落到实处。美国技术进步停滞，特别是领先技术的发明十分困难，中美之间的技术差距不断缩小，特别是研发支出和研发强度上逐渐接近。因此，在特朗普政府的国家安全战略报告中，着重提出要保护美国科技创新生态系统，确保美国在科技创新领域的领先地位。

从历史上看，当前的中美关系类似 20 世纪 80 年代美日及美德关系，属于守成大国对新兴崛起大国的天然压制；然而，与以往美欧、美日贸易战不同的是，中美存在根本的意识形态分歧，有进一步恶化成全面贸易战的可能。近年来美国经济增长动力不足，国内贫富差距不断扩大，美国的贸易保护主义重新抬头，掀起了逆全球化的浪潮。在此大背景下，美国鹰派企图遏制中国，美国关税清单也多瞄准《中国制造2025》。因此，这次贸易摩擦不仅是经贸利益的争夺，更要做好中美贸易摩擦具有长期性和日益严峻性的准备。换句话说，中美贸易摩擦不能简单对比美日贸易战的历史情况，可能会是美日贸易战与美苏贸易战的叠加。

（二）中国经济对美形成快速追赶

从经济总量来看，经过40年的高速增长，特别是近10年来，中国的确形成了对美国的追赶态势。1998年中国GDP刚达到1万亿美元，2008年已经达到4.6万亿美元，2014年首次突破10万亿美元，2017年超过12万亿美元。从中国GDP与美国GDP的比值来看，1996年中国仅为美国经济总量的10%，2006年上升到20%，2017年已经达到美国的63%。

特别是制造业规模，中国在2010年首次超过了美国。2001年，中国制造业增加值仅为4000亿美元，2007年

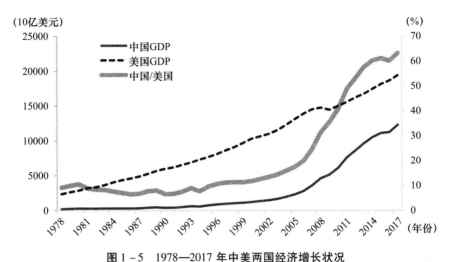

图 1 - 5　1978—2017 年中美两国经济增长状况

资料来源：笔者根据 Wind 数据库中的原始数据整理制作。

突破 1 万亿美元，2017 年已经达到 3.6 万亿美元。从中国制造业增加值与美国制造业增加值的比值来看，2001 年中国仅为美国的 28%，2007 年达到 62%，2010 年已经超过 100%，2017 年达到美国的 159%。制造业规模的赶超也令美国感受到技术赶超的可能性，因为现在的技术研发越来越离不开工厂。因此，全世界都开始关注制造业，避免"脱实向虚"成为全球性问题。

在过去 40 年的高速发展中，中国形成了出口依赖和投资依赖的经济发展模式，由此中国在出口与固定资本形成方面也形成了对美国经济的追赶态势。中国货物与服务出口从 2001 年的 2721 亿美元，快速增长到 2013 年的 23556 亿美元，首次超过美国出口规模，2017 年为 24229 亿美元。从中国出口与美国出口的比值来看，2001 年仅为美国的 26%，2013 年已经达到

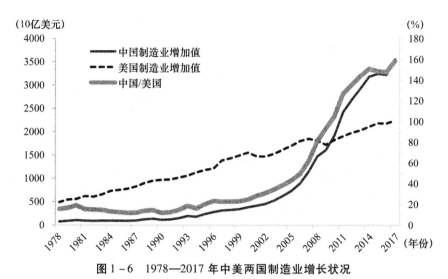

图 1 - 6　1978—2017 年中美两国制造业增长状况

资料来源：笔者根据 Wind 数据库中的原始数据整理制作。

103％，2017 年维持在 103％ 左右。在出口的带动下，中国固定资产投资高速增长。2001 年中国固定资本形成额仅为美国的 19％，2010 已经达到美国的 102％，首次超过美国，2017 年进一步上升到美国的 134％。

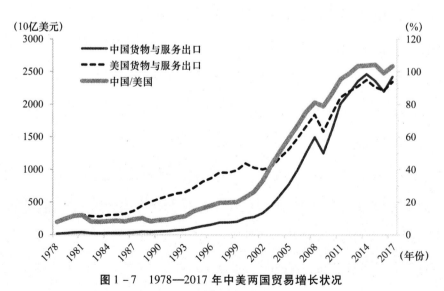

图 1 - 7　1978—2017 年中美两国贸易增长状况

资料来源：笔者根据 Wind 数据库中的原始数据整理制作。

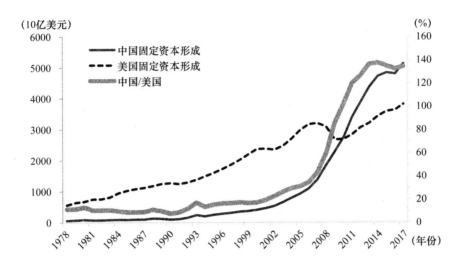

图 1－8　1978—2017 年中美两国固定资本形成状况

资料来源：笔者根据 Wind 数据库中的原始数据整理制作。

（三）　高额的美国对华贸易逆差

美国并非一直都是贸易逆差国，1960—1966 年美国是全球最大的贸易顺差国，之后经历波动，1977 年后，美国成为全球最大的贸易逆差国。与此同时，国际货币体系实现了从布雷顿森林体系向牙买加体系的转变，美国的贸易逆差保证了美元在牙买加体系下国际货币的地位。从图 1－9 中可以看出，美国在国内经济不景气时的贸易逆差规模较小，如金融危机后，而在国内经济发展较好时的贸易逆差规模加大，如在 2015 年年末开始加息之后。2000 年之前，日本曾是美国最大的贸易逆差国，2000 年及 2000 年之后，中国成为美国最大的贸易逆差国，但从图1－9中可以看出，中国加入WTO初期，美国对中国的贸易逆差占其贸易逆差总规模的比例较小，2001年为20.21%，之后比例有所上升，2017年为47.20%，2001—2017年的年均比例为36.43%。如果美国对中国全部产品加征关税，可能有利于缓解其对中国的贸易逆差规模，但美国需要付出相应的代价，如物价上涨等。

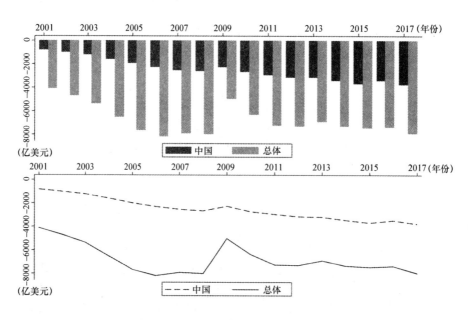

图1－9　美国贸易差额

资料来源：笔者根据美国国际贸易委员会发布的数据整理制作。

2001年，中国是美国的第五大进口来源国，随后，美国从中国进口的规模不断上升，相继超越日本、墨西哥、加拿大和欧盟，于2009年成为美国第一大进口来源国，除中国外，欧盟、墨西哥和加拿大是美国主要的进口来源地，美国从这 4 个国家或地区的进口规模占其进口总规模的 67.65%。欧盟中，德国、英国、意大利、法国和爱尔兰是美国主要的进口来源国。与中国类似，美国的出口和进口市场相对集中，且与中国的贸易占比较高，若美国在与中国贸易摩擦不断升级的过程中，不及时找到中国的贸易替代国，则中美贸易摩擦会对其国内消费者和依赖从中国进口中间品的生产者产生不利影响。

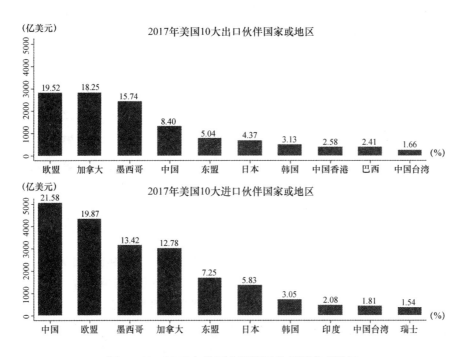

图 1-10　2017 年美国主要贸易伙伴国家或地区

资料来源：笔者根据美国国际贸易委员会发布的数据整理制作。

2017 年，美国最主要的贸易顺差国或地区包括中国香港、阿联酋、澳大利亚、巴西和巴拿马，美国最主要的贸易逆差国或地区包括中国、欧盟、东盟、墨西哥和日本。欧盟中，美国主要的顺差国包括荷兰、比利时和英国，主要的逆差国包括德国、爱尔兰和意大利，东盟中，美国主要的顺差国包括新加坡，主要的逆差国包括越南和马来西亚。实际上，美国对多数贸易伙伴国或地区具有贸易顺差，如 2017 年美国对 199 个贸易伙伴国或地区中的 122 个具有贸易顺差，占比约为 61.31%，但由于美国对各国的贸易顺差规模远小于其对其他国家的贸易逆差规模，因此，整体上，美国呈现出贸易逆差。

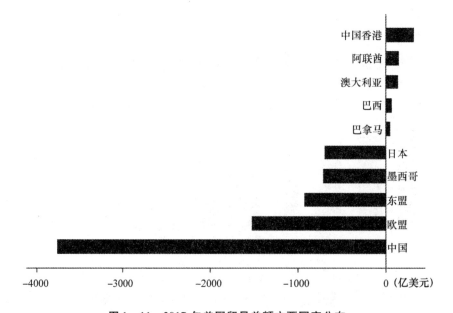

图 1-11　2017 年美国贸易差额主要国家分布

资料来源：笔者根据美国国际贸易委员会发布的数据整理制作。

据美方统计，2017 年美国对华货物贸易逆差为3752 亿美元，占美国货物贸易逆差的 46.3%，高于排第二位至第九位的八个国家与地区之和（约 44%）。

当前的中美贸易摩擦同 20 世纪 80 年代美日贸易摩擦，既有相同之处，又具有显著差异。相同之处在于，都属于守成大国对新兴崛起大国的天然压制，且守成大国对新兴崛起大国都存在巨额的贸易逆差。然而，与美日贸易战不同的是，中美存在根本的意识形态分歧，并且中国在诸多经济指标方面紧追美国，因此，美国挑起对华贸易战不仅仅是经贸利益的争夺，更是美国冷战思维的蔓延和全面打压中国的第一步。未来贸易摩擦与争端将持久而严峻。

因此，这次贸易摩擦绝不仅仅是经贸利益的争夺，更是意识形态存在根本分歧的守成大国对新兴崛起大国的天然压制，要做好中美贸易战具有长期性和日益严峻性的准备。

（四）中国的技术进步和产业政策

近年来，中国政府通过一系列发展规划以及产业政策，大力发展高新技术。尽管实施效果及技术水平仍与美国存在较大差距，但在发展势头上也给美国带来一定压力。2006 年 2 月，《国家中长期科学和技术发展规划纲要（2006—2020）》发布，提出我国科学技术发展的中长期目标以及总体部署；2010 年 9 月，国务院审议并原则上通过《国务院关于加快培育和发展战略性新兴产业的决定》，提出加快培育和发展节能环保、新兴信息产业、生物技术、高端装备制造、新能源、新材料、新能源汽车这七大战略性新兴产业，用 20 年时间达到世界先进水平；2015 年 5 月 19 日，国务院正式印发《中国制造 2025》，提出通过"三步走"实现制造强国的战略目标：第一步，到 2025 年迈入制造强国行列；第二步，到 2035 年中国制造业整体达到世界制造强国阵营中等水平；第三步，到新中国成立 100 年时，综合实力进入世界制造强国前列。2016 年 5 月，《国家创新驱动发展战略纲要》由中共中央、国务院发布，提出强化原始创新，增强源头供给，加强面向国家战略需求的基础前沿和高技术研究；2016 年 12 月 19 日，《"十三五"国家战略性新兴产业发展规划》发布，随后在此基础上，国家发改委在 2017 年 2 月 4 日公布《战略性新兴产业重点产品和服务指导目录》，提出战略性新兴产业可分为 5 大领域 8 个产业（相关服务业单独列出）、40 个重点方向下的 174 个子方向，近 4000 项细分产品和服务，并首次将数字创意产业列入战略性新兴产业。

根据总体发展规划，国家各部门也纷纷出台了相关的具体产业政策，以保证相应工作部署落到实处。2012 年 6 月 28 日，《节能与新能源汽车产业发展规划（2012—2020 年）》发布；2012 年 12 月 29 日，《生物产业发展规划》发布；2016 年 12 月 8 日，《智能制造发展规划（2016—2020 年）》发布；2016 年 12 月 22 日，《"十三五"节能环保产业发展规划》发布；2016 年 12 月 26 日，《能源发展"十三五"规划》发布；2016 年 12 月 27 日，《2016 中国的航天》白皮书发布，2017 年 7 月 8 日，《新一代人工智能发展规划》发布。

与此同时，美国技术进步则逐渐放缓，特别是领先技术的发明愈发困难，中美之间的技术差距不断缩小。从研发（R&D）支出看，2016 年美国研发支出达到 50293 亿美元，位于世界第一；中国研发支出达到 4088 亿美元，位于世界第二。2000—2015 年，中国 R&D 支出增长超过 20 倍，年均复合增速达到 17%，同期美国 R&D 支出增长不到 2 倍，年均复合增速仅为 3.9%。从研发强度（R&D 支出/GDP）来看，2016 年 R&D 支出排名靠前国家的研发强度普遍维持在 3% 左右，其中，韩国（4.24%）、日本（3.14%）、德国（2.94%）、美国（2.74%），处于前列。中国 2016 年研发强度达到 2.12%，相较于 2000 年 0.89% 的强度水平明显提升，已经接近法国（2.25%）并且超过英国（1.69%）等发达国家，与美国的差距逐年缩小。

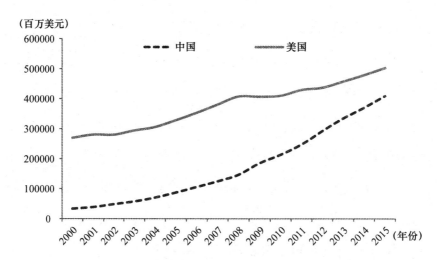

图1-12　2000—2015年中美两国研发支出

资料来源：笔者根据Wind数据库中的原始数据整理制作。

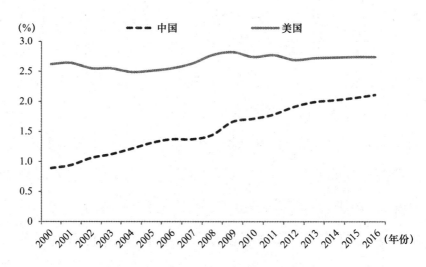

图1-13　2000—2016年中美两国研发强度

资料来源：笔者根据Wind数据库中的原始数据整理制作。

此外，发明专利的申请转化是衡量国家科技实力的另一项重要指标。中国近年来在专利申请数量上已经大幅超越美国，2016年达到美国的两倍，尽管在专利实际转化方面以及提升专利质量方面，中国仍与美国有较大差距，但数量上的赶超已令美国各界感到担忧。

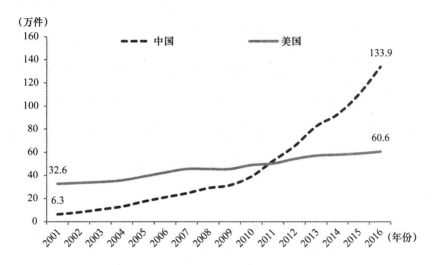

图 1 - 14　2001—2016 年中美发明专利申请数量

资料来源：笔者根据 Wind 数据库中的原始数据整理制作。

综合以上分析，中国在技术领域的崛起令美国感受到压力，被美国各界认为威胁到了"美国的影响力"这一美国核心利益乃至国家安全。因此，在特朗普政府的国家安全战略报告中，着重提出要保护美国科技创新生态系统，确保美国在科技创新领域的领先地位。尽管在技术领域，目前中国与美国仍有较大差距，但美国已经开始担忧中国实现全面追赶的可能性。中国的科技实力迅速提高，而美国技术进步则逐渐放缓，特别是领先技术的发明愈发困难，中美之间的技术差距不断缩小，这导致美国对中国高科技产业发展产生恐慌。也正因如此，在此次争端中，美方对技术转移问题特别关注。

美方对中共十九大报告中有关技术发展的内容特别关切；发动贸易战的直接依据《301 调查报告》中并未提及贸易逆差，而是指出中国的强制性技术转移、并购美国高科技企业、产业政策等问题，直指《中国制造 2025》。这些都是美国对中国技术进步产生恐慌并对中国进行遏制的表现。

（五）逆全球化盛行和贸易保护主义抬头

对于本轮贸易摩擦的属性判断，我们还需要结合以下两方面事实：第一，逆全球化下的贸易保护主义构成美国全面发动贸易战的国际大背景。2008 年国际金融危机爆发以来，世界经济始终没有找到强有力的新的增长点，过去几年，西方世界广泛出现了非常强的反经济自由化、反全球化的政治运动，这对各国实际实行的贸易政策产生了明显的影响，各国频繁运用非关税壁垒等措施实行贸易保护主义，由此构成了美国全面发动贸易战的国际大背景。

2008 年国际金融危机爆发迄今已有十年，世界经济仍未从复苏中走出危机的阴霾，恢复"大缓和"时期的盛况，甚至有陷入所谓的"大停滞"的风险。在此背景下，逆全球化和全球贸易保护主义日益盛行。自 2018 年 3 月 22 日，美国总统特朗普在白宫签署了对中国输美产品征收关税的总统备忘录，依据"301 调查"结果，对 600 亿美元的中国产品开征高额关税，引起了关于"中美贸易战"的又一次激烈讨论。

总体来说，贸易保护主义是指国家通过奖励出口、限制进口的政策和措施，以维护本国经济的发展和社会的安定，其产生缘由在各国之间因经济、政治、文化状况的差异有所不同。从发展态势看，当前逆全球化思潮有多种表现：一是贸易保护主义蔓延。在一些国家，自由贸易和海外投资遭到部分民众反对。二是保守化倾向加重。一些西方国家参与国际合作的意愿减弱，在移民、投资、市场监管、社会政策等方面国家主义倾向增强。三是民族主义抬头。西方国家一些民众要求实行有利于本民族和排外的经济社会政策。

"二战"后兴起的贸易保护主义以保护对象涵盖范围广、保护体系及措施系统化等为特点，其基本目的在于巩固和加强对国内外市场的垄断，而非旧贸易保护主义中培养新的自由竞争能力。不同的贸易保护表现实际上对应着全新的全球贸易环境，以及各国对于全球化过程中不同的利益诉求。

从措施上来看，贸易保护主义可分为关税壁垒与非关税壁垒两种。关税壁垒方面，这是自贸易保护主义诞生以来便广为各经济体所用的、最为常见的保护方式，也是旧贸易保护主义盛行时的主要手段，与关税壁垒相对，非关税壁垒是指一国或地区在限制进口方面采取的除关税以外的所有措施，可通过国家法律、法令以及各种行政措施等形式来实现。非关税壁垒兴起的背景是在 GATT 及 WTO 体制建立下，各方通过协商达成世界范围内国际贸易关税的大幅削减，因此贸易保护措施需要另辟道路，同时各国为保护国内工业也需要更为体系化的建设。据 GATT 统计，到 20 世纪 90 年代时，全世界非关税壁垒由 20 世纪 70 年代末的 800 多项增至 8 大类 75 种 3000 多项。

在非关税壁垒当中，用途较为广泛，争议性较强的措施之一为反倾销，尽管在《关税及贸易总协定》中对反倾销问题做了明确规定，但实际上各国各行其是，仍把反倾销作为贸易战的主要手段之一。据统计，WTO 成立后的 1995 年至 2018 年 6 月，全球共发起反倾销调查 5875 起，反补贴调查 528 起，保障措施共 361 起。图 1－15 报告了 WTO 成立以来，全球每年发起的反倾销和反补贴数量。如图所示，金融危机以来，全球发起的反倾销调查和反补贴调查案件数量再次呈现上升趋势，2017 年反倾销数量为 248 起，反补贴数量为 41 起，分别达到 2007 年的 1.5 倍和 3.7 倍。

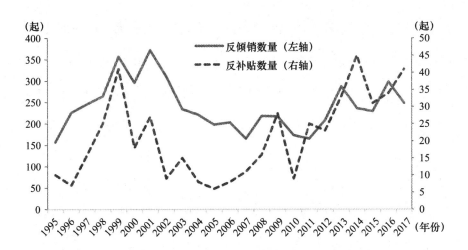

图 1 - 15　1995—2017 年 WTO 成立以来全球反倾销和反补贴数量

资料来源：笔者根据 WTO 官方网站数据整理制作。

　　美国和印度成为近年反倾销调查的主要发起国，是当前贸易摩擦的主要制造者。分国别来看，1995—2017 年累计发起反倾销数量由多至少的国家或地区依次为印度（888 起）、美国（659 起）、欧盟（502 起），其次为巴西（410 起）、阿根廷（352 起）、澳大利亚（332 起）。从近年变化趋势来看，印度和美国发起的反倾销数量快速上升，是贸易摩擦的主要挑起方，欧盟地区的反倾销数量呈现下降趋势，在一定程度上缓解了贸易摩擦紧张形势。

　　在世界范围内，中国是遭受反倾销调查最多的国家。在中国贸易快速增长过程中，对华反倾销状况日趋严重。从 WTO 成立以来，中国一直是全球反倾销的头号目标国。1995—2017 年，中国遭受反倾销调查

1296 起，占世界总数的 23%；中国被实施反倾销措施 926 起，占全球的 25.6%。并且，从 WTO 成立至今，中国遭受反倾销调查数和被实施措施数一直呈上升趋势（如图 1-17）。

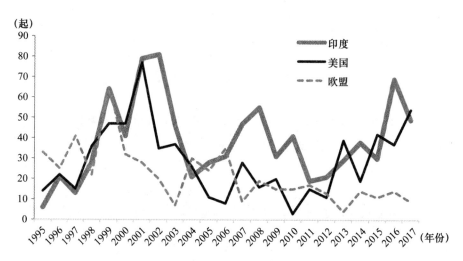

图 1-16　1995—2017 年 WTO 成立以来各经济体发起反倾销数量

资料来源：笔者根据 WTO 官方网站数据整理制作。

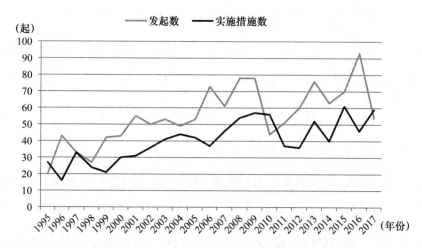

图 1-17　1995—2017 年 WTO 成立以来中国遭遇反倾销状况

资料来源：笔者根据 WTO 官方网站数据整理制作。

2003 年以前，中国未遭受过反补贴调查，但 2004
年之后，无论是遭遇调查数，还是被实施措施数，都
迅速上升。截至 2017 年，中国已累计被调查 129 起，
占世界全部案件的 26.5%；被实施措施 84 起，占比
32.7%（见图 1 - 18）。

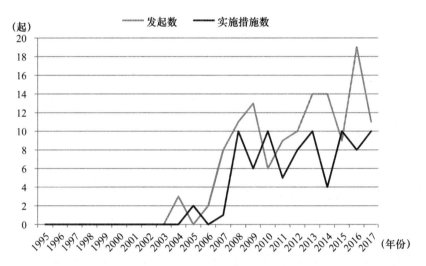

图 1 - 18　1995—2017 年 WTO 成立以来中国遭遇反补贴状况

资料来源：笔者根据 WTO 官方网站数据整理制作。

综上，此次贸易摩擦是在逆全球化盛行、贸易保护
主义抬头的背景下爆发的。中国长期以来已经成为贸易
保护主义打击的重要对象，遭受了来自各国的严重的非
关税贸易壁垒。美国不仅对中国发起贸易战，还对欧盟、
加拿大、墨西哥等盟友挑起贸易摩擦。因此，贸易战是
在逆全球化背景下，美国试图改变现行多边贸易体系的
运行方式、重构国际经贸规则的重要手段。

二 本次中美贸易摩擦的影响研判

（一）中美双方加征关税清单情况

2018 年 7 月 6 日，美国对中国 340 亿美元商品加征 25% 关税生效，340 亿美元商品清单详细情况见表 2-1。从表 2-1 可以看出，无论是从商品种类来看，还是从金额来看，美国对中国首批加征关税商品主要集中在核反应堆、锅炉、机械器具及零附件，电机、电气、音像设备及其零附件，以及光学、照相、医疗等设备及零附件，清单涉及商品主要为中国今后期待发展的高科技领域商品，可能会对中国相关行业的发展产生影响。

表 2-1　　　　　　　　　美方 340 亿美元清单涉及商品

HS 章	商品	商品种类	清单涉及种类	种类占比	商品金额	清单涉及金额	金额占比
28	无机化学品；贵金属等化合物	276	1	0.36	13.59	0.04	0.29
40	橡胶及其制品	153	2	1.31	34.65	0.00	0.00

续表

HS 章	商品	商品种类	清单涉及种类	种类占比	商品金额	清单涉及金额	金额占比
84	核反应堆、锅炉、机械器具及零附件	833	417	50.06	1095.70	157.96	14.42
85	电机、电气、音像设备及其零附件	641	186	29.02	1470.10	96.15	6.54
86	铁道车辆；轨道装置；信号设备	32	17	53.13	5.46	1.56	28.57
87	车辆及其零附件，但铁道车辆除外	219	41	18.72	146.45	17.38	11.87
88	航空器、航天器及其零件	17	15	88.24	5.09	5.08	99.80
89	船舶及浮动结构体（艘）	22	10	45.45	1.39	0.01	0.72
90	光学、照相、医疗等设备及零附件	336	129	38.39	119.60	44.45	37.17
各类商品合计		11906	818	6.87	5054.70	323.00	6.39

注：占比单位为%，金额单位为亿美元，且金额指 2017 年美国从中国进口额度。

资料来源：USTR 和美国国际贸易委员会（USITC）。

美国对中国 500 亿美元加征关税商品中的另外 160 亿美元正在收集公众信息阶段，已于 2018 年 8 月宣布生效。160 亿美元加征关税商品清单详情见表 2－2，在 340 亿美元的基础上加入了化学制品、塑料制品和金属制品等。2017 年，500 亿美元加征关税清单涉及的商品美国从中国进口金额为 464 亿美元，占美国从中国进口总额的 9.18%，占中国总出口额的 2.04%，因此，对我国出口的影响有限。根据 USTR 的公开信息，500 亿美元加征关税清单主要集中在《中国制造

2025》涉及的行业，可能会影响中国相关行业的发展。

表 2-2　　　　　　美方 160 亿美元清单涉及商品

HS 章	商品	商品种类	清单涉及种类	种类占比	商品金额	清单涉及金额	金额占比
27	矿物燃料、矿物油及其产品；沥青等	87	3	3.45	6.57	0.01	0.15
34	洗涤剂、润滑剂、人造蜡、塑型膏等	40	3	7.50	4.66	0.04	0.86
38	杂项化学产品	198	2	1.01	11.76	0.07	0.60
39	塑料及其制品	238	147	61.76	163.28	21.70	13.29
70	玻璃及其制品	170	1	0.59	29.03	0.19	0.65
73	钢铁制品	254	6	2.36	115.55	8.83	7.64
76	铝及其制品	72	2	2.78	33.42	0.11	0.33
84	核反应堆、锅炉、机械器具及零件	833	32	3.84	1095.70	20.78	1.90
85	电机、电气、音像设备及其零附件	641	36	5.62	1470.10	75.07	5.11
86	铁道车辆；轨道装置；信号设备	32	14	43.75	5.46	3.90	71.43
87	车辆及其零附件，但铁道车辆除外	219	19	8.68	146.45	4.24	2.90
89	船舶及浮动结构体（艘）	22	2	9.09	1.39	0.12	8.63
90	光学、照相、医疗等设备及零附件	336	17	5.06	119.60	6.11	5.11
各类商品合计		11906	284	2.39	5054.70	141.00	2.79

注：占比单位为%，金额单位为亿美元，且金额指 2017 年美国从中国进口额度。

资料来源：USTR 和美国国际贸易委员会（USITC）。

2018 年 7 月 18 日，美方宣称将对中国价值 2000

亿美元的商品加征 10% 的关税，2018 年 9 月 17 日，宣布从 9 月 24 日开始实施。2000 亿美元商品清单基本涉及了各类商品，商品种类占比约为 50.66%，占 2017 年美国从中国进口总额的 38.97%。500 亿美元商品清单和 2000 亿美元商品清单均未涉及的商品见表 2-3，未来美国可能会进一步扩大对中国加征关税商品的范围，则这些商品可能也会被纳入加征关税的商品范围。

表 2-3　　　　　　　　　　美方加征关税未涉及商品

HS 章	商品	HS 章	商品
01	活动物	62	非针织或钩编的服装及衣着附件
06	活植物；茎、根；插花、簇叶	63	其他纺织制品；成套成品；旧纺织品
09	咖啡、茶、马黛茶及调味香料	64	鞋靴、护腿和类似品及其零件
13	虫胶；树胶、树脂及其他植物液、汁	66	伞、手杖、鞭子、马鞭及其零件
18	可可及可可制品	92	乐器及其零件、附件
30	药品	93	武器
49	印刷品；手稿、打字稿及设计图纸	95	玩具、游戏或运动用品及其零附件
60	针织物及钩编织物	98	特殊交易品及未分类商品
61	针织或钩编的服装及衣着附件		

资料来源：USTR。

为了维护自身的利益，中方于 2018 年 4 月 4 日宣布对美国 500 亿美元商品加征 25% 的关税，并公布了加征商品清单，其中 340 亿美元商品清单于 2018 年 7 月 6 日生效，涉及的商品见表 2-4。该清单涉及的商品主要为植物产品、食品和交通设备等，这会对美国的农业造成一定的影响，美方于 2018 年 7 月 24 日宣布将对受影响的农业提供 120 亿美元的补贴。

表 2-4   中方 340 亿美元清单涉及商品

HS 章	商品	商品种类	清单涉及种类	种类占比	商品金额	清单涉及金额	金额占比
02	肉及食用杂碎	67	48	71.64	11.87	11.87	100.00
03	鱼、甲壳动物、软体动物等	260	182	70.00	13.15	13.15	100.00
04	乳品；蛋品；天然蜂蜜等	38	21	55.26	4.28	4.26	99.53
05	其他动物产品	23	1	4.35	0.88	0.00	0
07	食用蔬菜、根及块茎	121	93	76.86	0.45	0.26	57.78
08	食用水果及坚果；甜瓜等果皮	94	86	91.49	7.66	7.61	99.35
10	谷物	31	14	45.16	15.10	15.07	99.80
11	制粉工业产品、麦芽、淀粉等	32	5	15.63	0.08	0.00	0
12	含油子仁及果实等	109	4	3.67	145.80	143.59	98.48
14	编结用植物材料；其他植物产品	9	1	11.11	0.09	0.09	100.00
16	肉、鱼、甲壳动物等的制品	62	41	66.13	0.05	0.05	100.00
20	蔬菜、水果、坚果等的制品	100	3	3.00	2.72	0.44	16.18
22	饮料、酒及醋	31	2	6.45	1.33	0.09	6.77

续表

HS 章	商品	商品种类	清单涉及种类	种类占比	商品金额	清单涉及金额	金额占比
23	食品工业的残渣及废料等	30	3	10.00	5.23	0.94	17.97
24	烟草及烟草代用品的制品	12	12	100.00	1.70	1.70	100.00
52	棉花	128	1	0.78	10.70	9.80	91.59
87	车辆及其零附件	280	28	10.00	150.89	129.41	85.76
各类商品合计		8184	545	6.66	1549.15	338.34	21.84

注：占比单位为%，金额单位为亿美元，且金额指 2017 年美国从中国进口额度。

资料来源：中国商务部。

中方 160 亿美元清单涉及的商品见表 2-5，主要包括化学制品、塑料制品和光学、照相、医疗等设备，预计将会在美方 160 亿美元清单生效后生效。中方的 500 亿美元清单 2017 年从美国进口额度为 482.58 亿美元，占中国从美国总进口的 31.15%。由于中国从美国进口的额度较小，2017 年为 1549.15 亿美元，中国对美国加征关税的操作空间较小。在美方宣布将对 2000 亿美元中国商品加征 25% 的关税后，中方宣布将对 600 亿美元美国商品加征 5%—25% 不等的关税，600 亿美元几乎涉及了各类商品，加上之前的 500 亿美元清单，中国对美国加征关税的商品涉及了全部 HS 章，2017 年，所有清单涉及的商品从美国的进口额为 1016.24 亿美元，占同年从美国进口总额的 65.60%。若美国继续扩大对中国贸易摩擦的规模，则中国剩余的操作空间有限，我国可选择替代品较多的行业对美国征收较高的关税。

表 2 - 5　　　　　　　　　中方 160 亿美元清单涉及商品

HS 章	商品	商品种类	清单涉及种类	种类占比	商品金额	清单涉及金额	金额占比
27	矿物燃料、矿物油及其产品等	67	65	97.01	72.18	65.74	91.08
29	有机化学品	497	3	0.60	36.86	2.61	7.08
34	肥皂、有机表面活性剂等	27	3	11.11	8.76	4.45	50.80
35	蛋白类物质；改性淀粉；胶；酶	21	1	4.76	4.87	1.78	36.55
38	杂项化学产品	110	13	11.82	32.49	22.26	68.51
39	塑料及其制品	169	22	13.02	69.76	38.55	55.26
40	橡胶及其制品	118	1	0.85	11.77	1.40	11.90
90	光学、照相、医疗等设备等	261	6	2.30	117.79	7.45	6.32
各类商品合计		8184	114	1.39	1549.15	144.24	9.31

注：占比单位为%，金额单位为亿美元，且金额指 2017 年美国从中国进口额度。

资料来源：中国商务部。

（二）模拟方法及税率变动情况

为了全面分析中美贸易摩擦对我国经济的影响，本报告采用标准静态 GTAP（Global Trade Analysis Project）模型进行模拟。GTAP 是一个多地区、多部门

CGE 模型（Computable General Equilibrium，可计算一般均衡模型），主要假设包括：完全竞争市场，规模报酬不变，劳动力在国内自由流动，土地在部门间不流动，社会、政府、私人具有不同的偏好，分别为社会柯布—道格拉斯、CES（Constant Elasticity of Substitution）、CDE（Constant Difference of Elasticity），国内生产的商品与进口商品之间存在不完全替代关系，生产函数为 CES 函数等。[1] 数据使用 GTAP 第 9 版数据，以 2011 年为基年。

本报告根据 GTAP 公布的 HS 和 GTAP 行业对照表[2]、2017 年中美贸易数据以及中美双方各国的关税数据，计算各个加征清单生效后行业加权平均关税的变化。表 2－6 为美方对中国进口关税的变化，第 2 列为美方 360 亿美元清单生效后，对中国关税的变化，第 2 列 160 亿美元指在 340 亿美元生效的基础上，160 亿美元生效后，对中国关税的变化，以此类推，括号内为加征的税率。以美方 340 亿美元清单生效后为例，关税变化集中在运输设备、电子设备和机械设备行业，其余行业均没有变化。

---

① Martina Brockmeier, "A Graphical Exposition of the GTAP Model, 2001 Revision", GTAP Technical Paper 8, Global Trade Analysis Project (GTAP), Purdue University, West Lafayette, IN, 2001.

② 详见 https：//www. gtap. agecon. purdue. edu/resources/res _ display. asp? RecordID =1916。

表 2 - 6　　　　　　　美国对中国进口关税的变化（％）

GTAP 行业	340 亿美元	160 亿美元	2000 亿美元（10％）	2000 亿美元（25％）	其余 2000 亿美元（10％）	其余 2000 亿美元（25％）
水稻	0	0	10	25	10	25
小麦	0	0	10	25	10	25
其他谷物	0	0	10	25	10	25
蔬菜、水果和坚果	0	0	10	25	10	25
油子	0	0	10	25	10	25
甘蔗和甜菜	0	0	10	25	10	25
植物纤维	0	0	10	25	10	25
其他农作物	0	0	4	10	10	25
牛、羊和马	0	0	0	0	10	25
其他动物产品	0	0	9	23	10	25
鲜奶	0	0	0	0	0	0
羊毛和蚕茧	0	0	10	25	10	25
林业	0	0	6	15	10	25
渔业	0	0	10	24	10	25
煤业	0	0	10	25	10	25
原油开采冶炼	0	0	10	25	10	25
天然气开采冶炼	0	0	0	0	0	0
其他矿物开采冶炼	0	0	10	25	10	25
牛肉制品	0	0	0	0	0	0
其他肉制品	0	0	10	25	10	25
植物油脂	0	0	6	15	10	25
乳制品	0	0	2	5	10	25
精米	0	0	10	25	10	25
糖类产品	0	0	5	14	10	25
其他食品	0	0	9	22	10	25
饮料和烟草制品	0	0	7	17	10	25
纺织业	0	0	2	5	10	25

GTAP 行业	340 亿美元	160 亿美元	2000 亿美元（10%）	2000 亿美元（25%）	其余 2000 亿美元（10%）	其余 2000 亿美元（25%）
服装	0	0	1	2	10	25
皮革制品	0	0	3	8	10	25
木材制品	0	0	9	24	10	25
纸制品	0	0	6	15	10	25
石油和煤制品	0	0	10	25	10	25
化工、橡胶和塑料制品	0	1	6	14	11	25
其他矿物制品	0	0	7	18	10	25
黑色金属	0	0	5	12	10	25
其他金属	0	0	3	9	10	25
金属制品	0	1	8	18	11	25
汽车及零部件	3	4	12	25	12	25
其他运输设备	8	11	15	21	16	25
电子设备	1	1	5	11	11	25
机械设备	6	7	12	18	14	25
其他制造业	0	0	1	2	10	25

资料来源：笔者根据美国贸易委员会公布的关税数据计算而得。

表 2-7 为中国对美国进口关税的变化，各列含义与表 2-6 类似。表 2-7 最后一列表示中方 500 亿美元清单和 600 亿美元清单生效后，再对剩余约 450 亿美元美国商品加征 25% 的关税后，中国对美国关税税率的变化，由于中方 600 亿美元关税清单实行 4 种不同加征税率，因此，即使再对剩余商品加征 25% 关税，某些行业加权平均税率的变化并未达到 25%，如

机械设备、皮革制品等行业。

表 2-7　　　　　　　中国对美国进口关税的变化（%）

GTAP 行业	340 亿美元	160 亿美元	600 亿美元	其余 450 亿美元（10%）	其余 450 亿美元（25%）
水稻	25	25	25	25	25
小麦	25	25	25	25	25
其他谷物	25	25	25	25	25
蔬菜、水果和坚果	25	25	25	25	25
油子	25	25	25	25	25
甘蔗和甜菜	0	0	18	18	18
植物纤维	25	25	25	25	25
其他农作物	20	20	20	22	25
牛、羊和马	0	0	25	25	25
其他动物产品	0	0	7	7	8
鲜奶	25	25	25	25	25
羊毛和蚕茧	0	0	25	25	25
林业	0	0	12	14	17
渔业	25	25	25	25	25
煤业	0	25	25	25	25
原油开采冶炼	0	25	25	25	25
天然气开采冶炼	0	0	25	25	25
其他矿物开采冶炼	0	0	19	19	19
牛肉制品	25	25	25	25	25
其他肉制品	16	16	20	20	20
植物油脂	2	2	24	24	24
乳制品	22	22	23	23	23
精米	25	25	25	25	25
糖类产品	0	0	22	22	22

续表

GTAP 行业	340 亿美元	160 亿美元	600 亿美元	其余 450 亿美元（10%）	其余 450 亿美元（25%）
其他食品	12	12	18	18	19
饮料和烟草制品	10	10	24	24	24
纺织业	0	0	15	15	15
服装	0	0	23	23	24
皮革制品	0	0	10	10	10
木材制品	0	0	19	19	19
纸制品	0	0	3	8	15
石油和煤制品	0	25	25	25	25
化工、橡胶和塑料制品	0	8	13	15	18
其他矿物制品	0	0	10	11	12
黑色金属	0	0	12	13	15
其他金属	0	0	5	11	21
金属制品	0	0	13	13	14
汽车及零部件	21	21	21	22	24
其他运输设备	0	0	0	10	25
电子设备	0	0	4	12	24
机械设备	0	1	10	12	15
其他制造业	0	0	12	12	12

资料来源：笔者根据中国公布的关税数据计算而得。

（三）情景设定

本章根据中美贸易摩擦的发展进程分别设定三种情况：情况一为美方对中方加征关税，但中方不对美方加征关税；情况二为美方对中方加征关税，且中方根据美方的清单对美方加征关税；情况三在情况二的基础上，加入美国与欧盟达成制造业零关税协议的考虑。三种情况下均有六种模拟方案，如表2-8所示，其中，情况二下的方案均在情况一方案成立的基础上设定，情况三的方案在情况一和情况二方案同时成立的基础上设定。

表2-8　　　　　　　　　　　　　模拟方案设定

	情况一	情况二（情况一生效）	情况三（情况一和二生效）
方案一	美340亿生效	中340亿生效	美与欧盟制造业零关税
方案二	美160亿生效	中160亿生效	美与欧盟制造业零关税
方案三	美2000亿生效（10%）	中600亿生效	美与欧盟制造业零关税
方案四	美2000亿生效（25%）	中600亿生效	美与欧盟制造业零关税
方案五	美再2000亿生效（10%）	中再450亿生效（10%）	美与欧盟制造业零关税
方案六	美再2000亿生效（25%）	中再450亿生效（10%）	美与欧盟制造业零关税

资料来源：笔者自制。

（四）模拟结果

情况一的模拟结果见表2-9。当美国340亿美元清单生效后，中国社会福利减少约74.12亿美元，GDP减少约0.41%，2011年中国GDP约为7万亿美元，因此，中国社会福利损失和GDP下降幅度较小；在贸易条件存在轻度恶化的情况下，中国贸易规模有所下降，但贸易平衡有小幅度增加。而美国存在正向社会福利收益，GDP有所增加，贸易条件和贸易逆差均有所改善。随着美国对中国加征关税规模的不断增加，中国社会福利下降的规模不断增加，GDP 也出现了较大幅度的下降，贸易条件不断恶化，而美国与中国的情况基本相反。

表 2-9　　　　　　　　　　　　情况一模拟结果

	GDP	进口	出口	贸易平衡	贸易条件	社会福利
中国						
方案一	-0.41	-0.73	-0.56	12.48	-0.31	-74.12
方案二	-0.59	-1.06	-0.80	18.29	-0.45	-106.61
方案三	-1.56	-2.72	-2.16	28.65	-1.20	-288.35
方案四	-3.02	-5.21	-4.19	44.18	-2.32	-560.93
方案五	-2.84	-4.58	-3.69	36.61	-2.11	-571.30
方案六	-6.22	-9.86	-8.02	64.09	-4.60	-1268.34
美国						
方案一	0.11	-0.49	-0.33	68.79	0.09	26.85
方案二	0.15	-0.70	-0.50	92.85	0.13	38.75
方案三	0.45	-1.85	-1.51	211.61	0.38	104.73
方案四	0.90	-3.57	-3.01	389.74	0.75	203.69
方案五	0.84	-3.04	-2.82	283.17	0.70	174.10
方案六	1.88	-6.55	-6.30	568.64	1.55	377.12

注：GDP、进口、出口和贸易条件单位为％，贸易平衡和社会福利单位为亿美元，下同。

资料来源：笔者自制。

在情况二中，中国根据美国的征税情况采取对应措施，模拟结果见表 2-10。在方案一中，中美双方各自对对方 340 亿美元的商品加征 25% 的关税，即目前中美双方贸易面临的局面，在此情况下，中国社会福利下降 83.78 亿美元，略大于情况一方案一的结果，GDP 下降 0.34%，略小于情况一方案一的结果，中国进口下降的幅度更大，从而贸易平衡有所增加，贸易条件有所恶化，但微好于不向美国征收额外关税。与情况一的模拟结果类似，随着美国加征税收规模的增加，中国的经济情况有所变差，但基本上优于不向美国征收额外关税，且在此情况下，美国的社会福利和 GDP 等也存在下降的趋势。值得注意的是，中国的下降幅度均大于美国的下降幅度，且在方案六中，由于美国对中国加征关税的规模远大于中国对美国加征关税的规模，因此，中国处于劣势。

表 2-10　　　　　　　　　　情况二模拟结果

	GDP	进口	出口	贸易平衡	贸易条件	社会福利
中国						
方案一	-0.34	-1.19	-0.74	52.50	-0.25	-83.78
方案二	-0.48	-1.79	-1.15	71.26	-0.36	-114.81
方案三	-1.30	-4.38	-3.13	113.89	-1.01	-292.39
方案四	-2.75	-6.87	-5.15	129.42	-2.13	-564.97
方案五	-2.49	-6.75	-5.02	135.60	-1.87	-570.28
方案六	-5.73	-12.80	-9.89	183.72	-4.28	-1259.74
美国						
方案一	-0.12	-0.91	-0.59	134.03	-0.22	-44.51

续表

	GDP	进口	出口	贸易平衡	贸易条件	社会福利
方案二	-0.21	-1.44	-0.96	206.10	-0.31	-71.74
方案三	-0.34	-3.42	-2.47	451.34	-0.47	-126.10
方案四	0.11	-5.15	-3.98	629.27	-0.11	-27.13
方案五	-0.18	-5.10	-4.11	591.18	-0.37	-120.76
方案六	0.51	-9.34	-8.08	979.19	0.16	-13.88

资料来源：笔者自制。

表 2-11 进一步报告了情况二方案一的行业结果，可以看出不仅美国加征关税的商品产出有一定下降，中国加征关税的商品产出也有所下降，产出和出口受影响最大的行业为机械设备行业，进口行业下降最大的为小麦和牛肉制品等。而美国产出和出口受影响最大的行业为油子和植物纤维行业，绝大部分行业存在进口下降，下降最大的行业也是出口下降最大的行业，机械设备行业的进口下降幅度也较大。

表 2-11　　　　　　　情况二方案一的详细模拟结果

GTAP 行业	中国				美国			
	产出	进口	出口	贸易平衡	产出	进口	出口	贸易平衡
水稻	-0.02	-0.08	-2.08	-0.05	2.92	-6.38	5.74	0.54
小麦	0.59	-33.42	-4.17	1.65	3.58	-4.39	3.77	5.47
其他谷物	0.34	-11.66	-1.93	1.56	0	-1.77	-1.38	-2.07
蔬菜、水果和坚果	0.05	-4.07	-0.13	2.18	0.87	-2.02	-0.92	3.52
油子	4.60	-5.32	-5.11	19.90	-17.57	-7.06	-35.30	-76.08
甘蔗和甜菜	0.04	-0.03	-0.32	0	0.55	-4.32	9.58	0.01

GTAP 行业	中国				美国			
	产出	进口	出口	贸易平衡	产出	进口	出口	贸易平衡
植物纤维	5.10	-9.25	-5.76	9.10	-16.92	-5.48	-22.23	-20.76
其他农作物	0.34	-2.23	-0.69	0.20	2.87	-2.76	0.29	3.95
牛、羊和马	0.62	1.35	-1.37	-0.05	-0.24	-3.03	3.56	0.90
其他动物产品	0	0.56	-0.43	-0.35	0.27	-0.77	1.15	0.64
鲜奶	0.47	0.05	-2.27	0	-0.02	-5.30	2.60	0.02
羊毛和蚕茧	0	0.50	-0.64	-0.16	7.75	-1.75	11.98	0.04
林业	0.48	-0.09	0.72	0.09	-0.04	-0.17	0.43	0.11
渔业	0.03	-4.49	0.43	0.58	-0.34	-0.55	-6.13	-0.50
煤业	0.08	-0.50	0.66	1.26	0	0	-0.15	-0.19
原油开采冶炼	0.18	-0.05	0.37	0.91	0.06	0	0.09	0.09
天然气开采冶炼	0.14	0.15	-0.05	-0.14	0.07	0.06	0.01	-0.10
其他矿物开采冶炼	0.02	-0.28	0.18	5.21	0	0.18	-0.09	-0.29
牛肉制品	4	-28.01	-0.17	6.74	-0.47	-2.66	-13.99	-8.32
其他肉制品	0.31	-21.52	-1.07	3.74	0	-2.10	-2.48	-2.30
植物油脂	-0.83	3.60	-7.23	-5.36	4.52	-3.04	8.27	8.26
乳制品	0.60	-9.19	-0.37	2.73	-0.11	-2.20	-8.22	-3.05
精米	-0.05	0.59	-0.97	-0.05	0.41	-0.54	1.05	0.20
糖类产品	0.04	0.12	0.03	-0.03	0.58	-0.64	2.88	0.32
其他食品	-0.01	-3.47	-0.36	3.04	0.05	-0.57	-1.69	-2.46
饮料和烟草制品	-0.04	-2.06	0.27	0.79	0	-0.15	-0.67	-0.39
纺织业	0.08	0.32	-0.08	-1.78	0.26	-0.49	0.98	4.38
服装	0.30	-0.64	0.75	9.64	0.11	-0.27	0.77	2.17
皮革制品	0.18	-0.11	0.31	2.42	0.63	-0.19	1.42	1.09
木材制品	0.59	-0.71	1.14	7.07	-0.19	-0.50	0.55	3.24
纸制品	0.23	-0.71	1.35	4.43	0.13	-0.33	0.62	3.25

GTAP 行业	中国				美国			
	产出	进口	出口	贸易平衡	产出	进口	出口	贸易平衡
石油和煤制品	0.03	-0.15	0.21	1.47	0.01	0.01	0.04	0.41
化工、橡胶和塑料制品	0.41	-0.51	1.25	31.71	0.25	-0.30	0.64	25.23
其他矿物制品	-0.10	-1.16	1.35	5.74	-0.07	-0.25	0.51	1.23
黑色金属	-0.22	-1.25	1.46	10.63	0.41	0.02	0.59	1.59
其他金属	-0.14	-1.60	2.36	17.65	0.49	0.06	0.47	2.03
金属制品	0.17	-1.49	1.73	14.18	-0.01	-0.41	0.73	4.23
汽车及零部件	0.77	-4.89	-2.66	25.95	-1.35	-0.86	-6.20	-52.49
其他运输设备	-0.42	-1.57	-2.40	-6.57	0.43	-1.72	0.37	12.53
电子设备	0.71	-0.79	0.61	39.00	0.31	-0.73	-0.08	20.41
机械设备	-1.32	-1.56	-6.68	-198.01	1.27	-4.01	0.51	161.71
其他制造业	0.37	-1.31	1.54	14.97	0.09	-0.17	0.63	2.92

资料来源：笔者自制。

2018 年 7 月 25 日，美国和欧盟在通过谈判后，发表联合声明，称将共同致力于零关税、消除非关税贸易壁垒、消除对非汽车工业产品的补贴等，尽管美欧之间的贸易合作谈判是一个长期过程，短期内不会形成零关税协议，但将这个因素纳入模型进行模拟，有助于了解中国未来可能面临的局面。情况三的模拟结果见表 2 - 12。对比表 2 - 12 和表 2 - 10，可以发现美国和欧盟达成零关税协议后，对中国的影响有限，社会福利、GDP、进出口和贸易条件的下降幅度变化较小，但相反，美国存在小幅度的改善。因此，若美国和欧盟达成零关税协议，对中国将产生不利影响，但影响幅度较小，且有利于美国的发展。

表2-12　　　　　　　　　情况三模拟结果

	GDP	进口	出口	贸易平衡	贸易条件	社会福利
中国						
方案一	-0.46	-1.33	-0.77	68.80	-0.29	-102.9
方案二	-0.60	-1.93	-1.19	87.56	-0.40	-134.00
方案三	-1.41	-4.52	-3.16	130.19	-1.05	-311.57
方案四	-2.87	-7.01	-5.19	145.72	-2.17	-584.15
方案五	-2.60	-6.89	-3.27	151.90	-1.91	-589.47
方案六	-5.85	-12.93	-9.92	200.02	-4.32	-1278.92
美国						
方案一	0.15	0.10	0.26	21.81	0.05	35.93
方案二	0.06	-0.43	-0.11	93.88	-0.04	8.70
方案三	-0.07	-2.41	-1.63	339.12	-0.21	-45.65
方案四	0.37	-4.13	-3.13	517.24	0.16	53.31
方案五	0.09	-4.09	-5.05	478.96	-0.10	-40.31
方案六	0.78	-8.32	-7.24	866.97	0.42	66.56

资料来源：笔者自制。

（五）技术进步的影响

从以上三种情况的模拟结果看，中美贸易摩擦不利于中国的发展，虽然小规模的贸易摩擦对中国的影响程度有限，但随着贸易摩擦规模的增加，对中国的

负向影响程度也有所增加，中国除积极尝试与美国展
开贸易谈判外，应该寻找解决方案摆脱美国对中国经
济的影响。为此，本章在情况三方案六的基础上，设
定中国提升产出技术1%—5%，并进行模拟，模拟结
果见表2-13。从表2-13可以看出，当技术提升2%
后，尽管中国出口和贸易平衡会大幅度下降，但社会
福利和GDP将大幅度上升，且会对美国造成不利影
响。随着技术提升幅度的增加，对中国社会福利和
GDP的促进作用也会增强，因此，中国应不遗余力地
发展科技，以掌握核心技术，摆脱对其他国家的依赖。

表2-13　　　　　　　中国技术进步情景下的模拟结果

	GDP	进口	出口	贸易平衡	贸易条件	社会福利
中国						
技术提升1%	-1.79	-12.26	-12.89	-490.92	-3.69	1401.32
技术提升2%	2.26	-11.58	-15.85	-1181.87	-3.05	4091.60
技术提升3%	6.32	-10.90	-18.82	-1872.81	-2.42	6761.80
技术提升4%	10.37	-10.22	-21.78	-2563.75	-1.79	9442.03
技术提升5%	14.43	-9.54	-24.75	-3254.70	-1.16	12122.27
美国						
技术提升1%	0.20	-9.12	-7.22	1082.63	0.28	27.25
技术提升2%	-0.37	-9.92	-7.21	1298.31	0.15	-12.07
技术提升3%	-0.94	-10.71	-7.20	1513.97	0.01	-51.38
技术提升4%	-1.51	-11.51	-7.18	1729.64	-0.13	-90.69
技术提升5%	-2.08	-12.30	-7.17	1945.30	-0.27	-130.00

资料来源：笔者自制。

（六）贸易摩擦向金融领域
扩展的可能性分析

2018年第二季度以来，随着国际经济形势不确定性增强以及日益加剧的中美贸易摩擦，人民币兑美元汇率出现了比较快速的贬值。进入7月之后人民币兑美元出现了贬值速度加快的迹象。根据平均汇率计算，2018年7月比6月贬值幅度折年率达到57.1%，8月（8月20日收盘价）比7月平均汇率贬值幅度折年率达到34.7%，[①] 这意味着人民币贬值幅度和速度都处于近年来的较严重时期。

进入2018年以来，中国资本流动同样面临比较严重的冲击。其中最为引人注目的是2018年第一季度中国经常项目出现的历史性的逆差。根据中国人民银行披露的数据，2018年第一季度中国经常项目逆差达到282亿美元，其中，货物贸易顺差534亿美元，服务贸易逆差762亿美元。这是自1998年以来单季度最大的经常项目逆差。第二季度货物贸易顺差回升至1042亿美元，但服务贸易逆差仍然达到737亿美元的高水平，中国经常账户顺差仅为58亿美元。

---

① 贬值幅度环比折年率的计算公式为：贬值幅度 ＝（当月汇率／上月汇率）^{12} × 100% － 100%；数字为正表示贬值，数字为负表示升值。

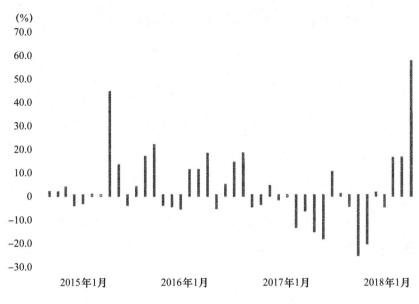

图 2-1　人民币兑美元汇率环比年率

资料来源：笔者根据 Wind 数据库中的原始数据整理制作。

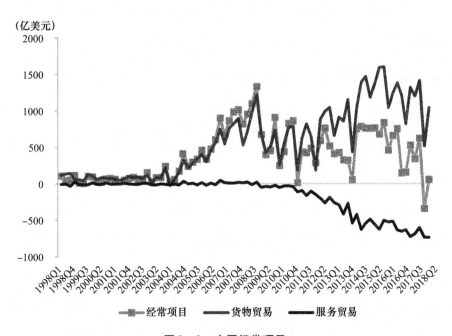

图 2-2　中国经常项目

资料来源：笔者根据 Wind 数据库中的原始数据整理制作。

2018 年人民币快速贬值的重要原因是人民币资产风险溢价上升，其外部原因在于国际资本市场动荡对投资者风险偏好的冲击。具有相似特征的国家和地区外汇市场之间具有一定的"传染性"。土耳其等新兴经济体货币严重贬值，出于避险的需求，国际资本回流美国的趋势得到进一步强化。由于不是非避险币种，包括人民币在内的其他新兴市场国家货币面临着持续的外部压力。

此外，美国挑起的贸易战会对国际投资者对中国市场的信心造成冲击，直接加剧了中国经济的不确定性，导致了人民币快速贬值和资本异动。

中美贸易摩擦成为影响中国金融市场稳定的重要因素。由于美国对中国战略定位调整为竞争对手，中国与美国的摩擦不仅具有长期性，而且面临着范围扩大的风险，有可能从目前的贸易领域延伸到金融领域。如果美国选择对中国发起金融战，大致可能的方向包括两个方面。

从国内来看，可能的渠道是加大对中国贸易战力度和遏制力度，利用中国经济的转型期，宣扬和鼓吹中国经济崩溃论，引发国内外投资者对中国市场的恐慌。可能的手段包括利用美国股市做空中资上市公司和利用媒体夸大中国经济的脆弱性，通过惩罚或者鼓励政策迫使在华投资的美国企业从中国撤资。利用中国各部门杠杆率普遍较高的现实情况，打压中国金融市场和房地产市场，以图造成中国金融崩溃，引发金融危机。

从国外来看，可能有四个渠道。第一，利用离岸人民币市场抛售人民币，使市场强化人民币贬值预期，引导在岸人民币市场贬值。人民币贬值预期导致市场避险情绪上升和国内资本外流，引发国内资产价格（特别是房地产价格）暴跌，打击中国金融机构，从而引发中国的系统性金融危机。第二，利用美元升值和资本回流美国，通过贸易战对中国主要的国外投资国进行打压，导致中国金融海外投资损失，威胁中资金融机构安全。2018年8月美国对土耳其发动贸易战导致欧洲金融市场动荡的原因就在于欧洲银行对土耳其有大量投资，土耳其金融和经济崩溃将损害欧洲金融机构安全，造成欧洲金融市场动荡。第三，在美国资本市场做空中国上市公司，借机做空中国经济。第四，以美国国内法律为依据，对中国的个别系统性重要金融机构实施制裁，或者巨额罚款，或者利用美国对国际清算体系的控制，切断中资金融机构进行国际金融业务的渠道，直接打击中资金融机构，实现间接打击中国金融市场的目的。

数据显示，跨境资本流动目前尚处于比较平稳的水平，尽管短期内汇率出现了异动，但是尚未引起资金的大规模跨境转移（见图2-3）。一旦美国采取上述措施在金融领域对中国发难，则中国可能发生更为严重的金融风险。

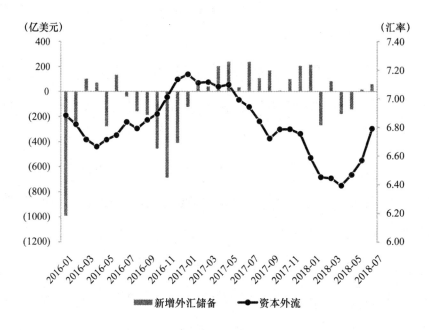

图2-3　新增外汇储备和资本外流

资料来源：笔者根据 Wind 数据库中的原始数据整理制作。

（七）贸易摩擦的直接延伸：美国加强投资限制

美国的外资政策整体而言是相对自由开放的，但这并不意味着美国对任何外资都永远敞开大门。20 世纪 70 年代以来，国外对美投资日益增长，美国开始了对外资的监管之路，并以美国外资投资委员会（简称"CFIUS"）为核心，逐步建立了一套完整的外资安全

审查机制。中美贸易战的焦点之一是中国通过海外并
购获取技术，因而通过 CFIUS 加强对中国企业的投资
限制便成为美国发动贸易战的重要武器。2017 年特朗
普总统上任后，CFIUS 经历了一次重大立法改革，开
启了美国外资监管的新阶段。

表 2 – 14　　　　　　　　美国国会推动 CFIUS 改革的进程

时间	具体进展
2017 年 7 月 21 日	美国财长姆努钦与约翰·科宁及参院银行委员会主席迈克·克拉伯、众院金融服务委员会主席杰布·亨萨林举行小型会议，就 CFIUS 改革达成初步共识
2017 年 10 月 27 日	康宁与美国政府就具体改革方案闭门磋商，特朗普对此"开绿灯"
2017 年 11 月 8 日	参众两院分别发起 FIRRMA（S. 2098，H. R. 4311）
2018 年 5 月 16 日	众院发起修正版 FIRRMA（H. R. 5841）
2018 年 5 月 22 日	参院银行委员会和众院金融服务委员会，分别通过两院各自修正版本的 FIRRMA
2018 年 6 月 18 日	继 S. 2098 被纳入《2019 财年国防授权法案》（NDAA，H. R. 5515）后，参院以 85∶10 通过该法案，意味着修正版 FIRRMA 参院获批
2018 年 6 月 26 日	H. R. 5841 以 400∶2 获得众院批准
2018 年 6 月 27 日	两院开始合并版本的最终磋商，参院已接到众院版本的 FIRRMA，列入立法日程
2018 年 7 月 6 日和 8 月 1 日	众院以 359∶54，参院以 87∶10 通过合并版 NDAA
2018 年 8 月 13 日	特朗普签署成法律

资料来源：笔者根据美国国会官方网站的信息整理而得。

法案对原有内容的修订主要体现在三个方面。

第一，扩大了管辖范围。在以往的实践中，股权比例少于 10% 的被动投资不会受到 CFIUS 的审查，但根据新法案，即使投资者持股不超过 10%，但只要可能获得美国企业的非公开技术信息、董事会成员或观察员权利，以及涉及关键技术①、关键基础设施②或美国公民敏感数据的③，就属于受审范围。此外还包括靠近港口等敏感军事区的房地产投资、外国投资人就其投资的美国业务享有的权利变更以及某些旨在规避 CFIUS 审查的交易。

第二，修订了审查程序。首先，FIRRMA 引入了另一种申报备案选择，即交易各方可以自行选择先提交一份不超过五页的简短通知，以替代之前的正式书面通知，不同之处在于简短通知不会自动触发审查程

---

① 在 FIRRMA 推出之前，"关键技术"一词被定义为包括《美国防务目录》（United States Munitions List）、《商品管制清单》（Commerce Control List）内的项目、若干关于核武器的材料，以及特定制剂和毒素的法规（《美国联邦法规》第 31 章第 800.209 条）所涵盖的项目。FIRRMA 法案将其定义扩宽以包括新兴与基础技术，如量子计算机、人工智能、机器人、生物科技等。此外，还新设立一个跨部门出口管控程序来界定"新兴和基础技术"。

② FIRRMA 将"关键基础设施"定义为任何对美国国家安全至关重要的实体或虚拟资产或系统，如电信、医疗、市政工程、交通、金融服务及为美国政府提供服务等领域。

③ 敏感数据指诸如医疗行业、保险行业涉及的大规模个人可识别信息。

序，CFIUS 在收到后 30 天内做出回应，或许可交易，或要求提交正式通知，或直接进入审查期。其次，任何由外国政府控制的投资者对美国公司超过 25% 以上股权的投资，均须强制申报。再次，法案还将最初审查期从 30 天延长至 45 天，其后的 45 天调查期维持不变，但允许在"特殊情况"下额外延长 15 天。最后，CFIUS 还被授权收取申报费用，具体费用尚未明确，但规定金额不得超过交易价值的 1% 或 30 万美元中的较低者。

第三，增强了审查权力。首先，FIRRMA 规定CFIUS 须建立某种机制来识别属于其管辖范围，但没有提交简短通知或正式通知的交易。其次，FIRRMA授予 CFIUS 新增权力，即可在审查期或调查期内暂停交易，并直接请示总统。最后，新法案强调了 CFIUS要对缓和措施进行有效和持续的监督，授权 CFIUS 针对已完成的交易或自愿放弃的受管辖交易也可以施加缓解措施。

从特朗普 2017 年 1 月上任至 2018 年 7 月底，由于CFIUS 审查而流产的中国并购不在少数，主要集中在半导体、金融服务、信息通信、大数据等新兴高端科技领域，详见表 2 - 15。

表 2 - 15　　因 CFIUS 而失败的中国对美投资（2017 年 1 月至 2018 年 7 月）

领域	中国投资方	投资标的	终止日期	交易规模	业务类型
互联网	TCL	诺华达无线通讯（Nova-tel Wireless，美国公司 Inseego 的移动电话无线网络业务）	2017 年 6 月 7 日	5000 万美元	信息技术服务
	喜乐航（海航子公司）	全球鹰娱乐（Global Eagle Entertainment）9.9% 股权	2017 年 7 月 25 日	4.15 亿美元	机上娱乐与互联网服务
	四维图新、腾讯、新加坡政府投资公司	Here 地图（荷兰地图服务供应商）10% 股权	2017 年 9 月 27 日	9700 万美元	汽车地图导航服务
	东方弘泰	AppLovin（美国移动广告公司）	2017 年 11 月 21 日	14.2 亿美元	移动广告投放
	蓝色光标	Cogint63% 股权	2018 年 2 月 20 日	1 亿美元	大数据营销
原料	国投创新基金（中国国资背景的私募基金）19.9% 股权	Maxwell Technologies（美国能源储存和能量输送方案供应商）	2017 年 9 月 20 日	4700 万美元	能源储存
	忠旺	爱励（Aleris，美国制铝公司）	2017 年 11 月 12 日	23.3 亿美元	铝产品生产
其他科技	北京大北农科技集团	Waldo Farms（美国饲猪基因学公司）	2018 年 3 月 3 日	1650 万美元	生物科技
	深圳市新纶科技	阿克伦聚合物体系（Akron Polymer System）45% 股权	2018 年 5 月 10 日	990 万美元	高分子材料

资料来源：笔者根据互联网资料搜集整理。

CFIUS 国家安全审查具有标准模糊、随意，行业审查范围设定宽泛、审查方法较为不确定、审查程序不透明等诸多"特点"，① 审查过程中的主观性使得 CFIUS 可以较为轻易地对特定投资施加管制。以上 9 项投资均被 CFIUS 以国家安全为由拒绝，具体原因大致可分为三类。第一，投资业务被认为涉及敏感领域，如半导体、新材料、生物科技、金融技术等都属于新兴技术，而针对速汇金、AppLovin 及 Cogint 等公司的投资则触及美国公民数据安全；第二，投资被认为涉及政府背景，如中国重汽、峡谷桥基金、国投创新基金、赛诺资本；第三，美国政府或军队是目标公司产品或服务的客户，如 Xcerra、Lattice。

实际上，法案全面扩大了 CFIUS 的管辖范围和权力地位，这意味着过去许多不在审查范围内的交易也将遭受 CFIUS 的考验；另外，法案对"国家安全""关键技术""关键基础设施"等核心概念的解释却依然不够明晰，这为 CFIUS 留下了较大的自由裁量空间。

从美国在国际体系中的整体经济与安全利益来看，以行政部门为主导的 CFIUS 可能更频繁地借国家安全之名排斥中国科技企业，对中国的技术赶超与经济崛起实施战略打击。

相对于审查结果，新法案更重要的影响在于对交易各方的心理冲击，这可能会继续导致中国对美投资

① 张菲、安宁：《贸易战背景下中美直接投资趋势与对策研究》，《国际经济合作》2018 年第 5 期。

规模的大幅减少。因为此次法案只是将 CFIUS 在过去约两年内的实际操作以法律形式固化，在法案颁布前，CFIUS 就已经开始对涉及半导体、芯片、个人敏感数据的交易进行阻拦。因此法案出台与否对审查通过率的改变并不显著，但可能会显著提高中国投资者和美国公司对 CFIUS 安全审查的风险成本预期，从而使之对潜在的投资交易望而却步。在中国整体对外投资状况良好的情况下，2017 年对美投资 10 年来首次下降，2018 年上半年更是骤降 9 成。这显示出美国新出台的 CFIUS 改革法案正在冷却外来投资的热情。

三　中美分歧和冲突的聚焦点

深刻理解贸易摩擦发生的原因是化解贸易冲突的关键，其中尤为重要的是在把握美方利益诉求的基础上揭示出其挑起贸易战的真实意图。

从表面上看，美方认为中国的"不公平贸易行为"导致了巨额的美中贸易逆差，并导致美国在同中国进行贸易的过程中利益受损，因此，美方要用增加关税的方式矫正中国的"不公平贸易行为"。从深层原因来看，本次贸易摩擦反映出美国对中国发展模式的不认同和遏制中国发展的战略意图。美方指出中国的主要"不公平贸易行为"包括强制性技术转移、技术窃取、国有企业海外并购、国家的产业政策等，实际上表现出美国对中国社会主义市场经济道路的否定，在美方看来，中国的体制促成了其经济迅速崛起，而国家主导的发展模式同市场经济相悖，因此中国现行的发展模式对美国"不公平"、需要改变。

与此同时，2018 年 7 月美国同欧盟、日本达成签署自贸协定意向，以及在贸易领域向墨西哥施压等事件来看，美国对现行的多边及区域贸易体制不满，试图颠覆当前的 WTO 规则体系、重谈北美自贸协定，重构国际经贸规则，将更高的标准纳入全球贸易规则之中。美国的一些群体认为自身在经济全球化的过程中利益受损，其根源在于现有的经贸规则和经贸体系不利于发达国家、需要从根本上进行变革。特朗普及其经济领导团队也认为现有的国际经贸规则体系标准过低、涵盖范围不齐全、一些重要条款含糊不清，是制约美国贸易发展和经济繁荣的重要障碍。

无论是对中国经济发展模式的不认同，还是对现行国际经贸规则的诟病，都意味着美国政府谋求在世界范围内发生变革，而贸易战成为推动变革的重要手段。美方旨在通过贸易战对中国全面施压，试图改变中国的发展模式和发展道路；美方还旨在通过向中国这一发展中大国施压，迫使广大发展中国家接受按照西方标准重构国际经贸规则。

直接表现出美国发起本次贸易战动因，以及表明美国对中国指责的主要文件是 USTR 于 2018 年 3 月发布的《301 调查报告》和白宫于 2018 年 6 月发布的《经济侵略报告》。这两份报告的意图在于为美国发起对华贸易战的合法性提供依据，实际上反映出美国各界将中国视为未来的主要竞争对手，还反映出此次贸易战中两国分歧和冲突的聚焦点。具体而言，包括技术获取、产业政策、市场开放、海外投资和遵守多边规则五方面内容，核心焦点在于国家战略与市场经济是否冲突。

（一）技术获取

关于技术获取，美方认为中国"通过各种间谍活动窃取技术"，还"通过强制性技术转移、规避美国出口管制法、仿制和盗版"以及使用逆向工程等方式窃取了美国的先进技术。

然而，美方并无确凿证据，只是在相关报告中指出中方采取"口头、非正式"要求，强迫转移技术。一方面，合资经营是市场行为，双方企业互利共赢；另一方面，2018 年 6 月，新版的外商投资负面清单已经规定，将取消众多行业的外资股比限制，将形成制造业基本开放的格局。

在高新技术产品贸易方面，美国对中国的认知存在偏误，过分夸大了中国的竞争与威胁；与此同时，美国对高新技术产品的出口管制过于严厉，不仅加剧了美中贸易逆差，而且加剧了美国对中国的疑虑和恐慌。

目前，中国已加强了知识产权保护，2012—2017年，中国在行政执法方面共查处专利侵权假冒案件19.2万件，商标侵权假冒案件17.3万件；在司法保护上，中国成立了专门的知识产权法院和一批知识产权法庭。这些都体现出中国知识产权保护的显著成效。

根据美国法律，只要产品或生产过程是合法的，那么通过逆向工程进行生产的行为通常是合法的。逆向工程符合中美两国法律，不存在任何侵权行为。

（二）产业政策

美方认为，中国的产业政策不透明且具有歧视性，这不仅会造成市场扭曲，还会损害美国经济的发展。

然而，中国的众多产业政策是引导性和鼓励性的，产业政策公开透明，对在中国境内设立的内外资企业一视同仁。而且，中国有发展的权利，同美国之间的交往遵循了市场原则。2017年1月，国务院发布了积极利用外资的20条措施，其中明确外商投资企业和内资企业同等适用《中国制造2025》的政策措施。相关政策遵循市场化的原则，不会造成市场的扭曲。

同时，也应该看到，中国存在各类创新补贴，但效果往往不尽如人意。根据笔者的研究成果，中国国家层面的创新补贴对中小企业私人研发促进作用不足；

贷款贴息类型的政府创新补贴政策还对企业私人研发造成了显著的挤出效应。中国各省级政府出台的专利资助奖励政策，相当程度上对企业申请的发明与实用新型专利质量造成了抑制效应。

（三）市场开放

美方认为，中国在众多领域没有开放市场。根据美方发布的报告，中国在一些行业设置了外资股比限制，外商必须同中国企业建立中外合资企业才被允许在华投资。中国的市场准入政策烦琐且不透明，中国政府还通过市场准入审查来攫取技术和信息。外商投资企业必须获得一系列行政许可才能在华设立企业，包括投资审批、工程审批、地方审批、国家安全审批等，中国政府在每一阶段都可能强制外资企业转移技术，因此，不公平的审批制度形成了严重的非关税壁垒。

客观地说，中国以往在外资准入方面存在较多限制，但近年来限制逐步减少，2018 版负面清单更是加大了开放力度。2018 年 6 月，国家发改委和商务部首次出台了单独的外商投资准入负面清单：中国将在2018 年取消专用车、新能源汽车外资股比限制，2020年取消商用车外资股比限制，2022 年取消乘用车外资股比限制，取消合资企业不超两家限制；船舶和飞机行业也将在 2018 年取消外资限制。以往中国确实存在"政出多门"且法规不透明的问题，"入世"之后有了根本性改变。"入世"之后的 5 年内，中国政府已经清理修改了 2300 多项法律法规，公布所有与贸易相关的法律文件，地方政府也清理、修改或废止了超过 19 万件地方性法规、规章和政策措施。

同时，也应该承认，多年来中国制造业的开放成绩有目共睹，服务业开放仍有改善空间。根据 2018 版外资负面清单，中国将进一步放开金融服务业，取消银行业外资股比限制，将证券公司、基金管理公司、期货公司、寿险公司的外资股比放宽至 51%，2021 年取消金融领域所有外资股比限制。但对电信业的限制仍然较为严格，这既有维护国家信息安全的需要，同时也有对国内市场进行保护的意图。

（四）海外投资

美方认为，中国在国有投资管理公司的资金支持下通过海外投资获取美国技术，中国企业在新兴战略高科技领域进行大规模公司并购、风险投资、种子投资和绿地投资。中国进行技术获取型对外直接投资的主体有三类，分别是：国有企业、受政府操控的私营企业和国资背景的投资基金。因此这些主体的海外投资行为都是政府主导、为实现国家战略目标而实施的非市场行为，中国政府通过行政干预和政策约束引导私营企业按照国家发展目标布局海外投资。

然而，中国企业有权配置自身积累的资本，向海外投资是正常的经营活动，中国企业的风险投资活动，不仅同自主研发投资具有相同的性质，而且还为美国的科技发展提供了必要的资金支持。美方观点反映了中美两国的"道路之争"，即美方对中国发展模式的不认同，对于美国各界而言，无论中国的企业是国有企业还是私营企业，无论是否接受过政府的各种资助和授意，无论是否具有侵犯知识产权的行为，只要是企业竞争力不断提升、对美国企业构成威胁，都被认为是"不正常行为"，都会成为美国的打压对象。

同时，应该看到，中国的国有企业海外投资存在一些亟待解决的问题。一些国有企业将自身视为政府实体从而逃避在美国的民事法律诉讼，这不仅是国有企业海外经营不规范的问题，而且是企业对自身定位错误的问题。对于定位错误问题，反映出国有企业深化改革仍然面临严重困难，尽管国有企业改革已持续多年，但众多经营者仍然未能将企业定位为自负盈亏的主体，而是将自身定位为政府的一部分，这种理念不仅会造成企业效益低下，而且会给美国等发达国家提供抨击中国经济体制问题的依据。

（五）遵守多边规则

美方认为，自2001年加入世贸组织以来，中国并没有朝向全面执行以市场为导向的政策和做法，相反，国家在经济中的作用不断增强。具体而言，中国未能完全遵守开放的、以市场为导向的政策，中国还未能全部执行争端解决裁决，并且以发展中国家身份从WTO中获得收益、逃避义务。

实际上，多年来中国坚持贸易自由化导向，不断降低贸易壁垒，对争端解决的裁决严格执行。目前，中国关税水平已降至9.8%，如果考虑到贸易结构的因素，中国实际的贸易加权平均税率只有4.4%，已经非常接近发达成员，各种非关税壁垒也不断降低。对WTO争端解决机制的裁决也严格执行，例如2015年，中国接受了WTO裁决，取消了稀土等重要资源性产品的配额和出口关税。中国作为发展中成员，在分享全球化红利的同时，也为推动全球贸易体系发展做出了贡献，在WTO历次贸易政策审议中均获得肯定。

WTO贸易政策审议在充分肯定中国成绩的同时，也指出中国在一些服务业方面存在准入限制的问题。根据2018年版的负面清单，中国即将全面开放金融服务业、大力开放电信业，使整体开放程度进一步提升。

实际上，美方以"301条款"这一国内法律为依据，在未获得WTO允许的情况下对中国输美产品加征关税，是贸易霸凌主义的直接体现，直接违背和践踏了WTO多边贸易规则体系。

综合来看，中美冲突的核心焦点在于美方对中国发展模式的不认同，美方认为中国实施的国家战略与市场经济相冲突，中国政府过多干预经济也背离了市场经济原则，政府对企业控制过多，使中国企业的经营行为过多地体现了国家意志。

然而，市场经济并无统一定义，也并非只能采取单一模式。正如张向晨大使在WTO总理事会上反驳美国对中国经济模式的指责时强调的，美方不能以自己的想法作为别人的行动准则。中国坚持走社会主义市场经济道路，是自己选择的发展路径，也是必须坚持的底线，任何国家都不能强迫中国改变。美方不应将自己的价值观和发展理念强加给他国，更不能因为中国在现有的模式下发展迅速、有赶超美国之势，便给中国戴上"不公平贸易""经济侵略"的帽子，试图遏制中国发展。

实际上，美国真正的目的不只是想证明中国企业受政府控制，而是希望建立一种逻辑关系，即因为企业受控制，所以它们是履行政府职权的"公共机构"，应承担相应世贸组织协定下的义务。但这种逻辑已经被世贸组织驳回了，WTO 上诉机构曾明确指出，不能仅仅因为一个实体的所有权性质或者是否受政府控制来认定该实体是公共机构。

四 以深化改革开放妥善解决
中美贸易摩擦

中美贸易摩擦是中国发展长河中的一道波澜，意味着中国发展的外部环境发生了重大变化。坚定不移地深化改革开放、解决自身存在的问题，是中国应对外部环境变化的根本举措。一旦中国内部的深层次问题得以解决，中国将具有强大的外部抗压能力，中国经济和社会发展也将拥有坚实的内生动力。综合前文的分析，本报告的结论和政策建议如下。

（一）中美相互依存、利益交融，
不宜发展为全面冲突

国际贸易对中美两国经济发展都十分重要。尽管2008年国际金融危机之后，中国的贸易依存度逐步下降，但至今仍然维持在30%以上的高位；与此同时，美国的贸易依存度近年来持续上升，到2017年已接近

30%（图4-1）。进一步地，从中美两国双边贸易占总贸易和国内生产总值的比重来考察中美经济的相互依存关系，可以更为清晰地揭示出中美两国的经济利益深度交融。

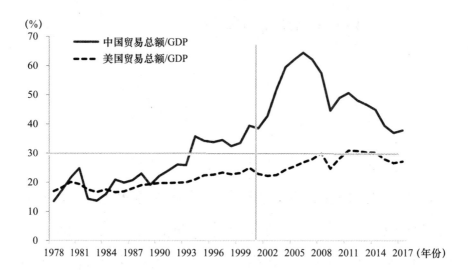

图4-1　中美两国的贸易依存度

资料来源：笔者根据 Wind 数据库中的原始数据整理制作。

我们分别计算了中美双边贸易中出口占总出口和国内生产总值的比重以及进口占总进口和国内生产总值的比重，结果见表4-1。可以看出，中美双边的贸易依存度具有高度的不对称性：中国约有总金额 1/5 的产品销往美国，而美国仅有8%的产品销往中国。与此同时，中国从美国进口的产品占总进口比重约为8%，而美国总进口中约有22%的产品来自中国。由此得出结论："中国制造"非常依赖美国市场，而美国消

费者非常依赖中国产品，中国的出口供给恰好满足了
美国的消费需求。

表 4 - 1　　　　　中美贸易依存度的变化情况（2000—2017 年）

年份	中国对美国出口占总出口的比重（%）	中国对美国出口占GDP的比重（%）	中国从美国进口占总进口的比重（%）	中国从美国进口占GDP的比重（%）	美国对中国出口占总出口的比重（%）	美国对中国出口占GDP的比重（%）	美国从中国进口占总进口的比重（%）	美国从中国进口占GDP的比重（%）
2000	20.93	4.37	9.94	1.88	2.08	0.17	8.55	1.10
2001	20.43	4.13	10.76	1.99	2.63	0.19	9.27	1.09
2002	21.51	4.82	9.24	1.87	3.18	0.21	11.10	1.28
2003	21.14	5.62	8.22	2.06	3.93	0.26	12.51	1.50
2004	21.09	6.46	7.97	2.31	4.25	0.30	13.80	1.81
2005	21.42	7.16	7.39	2.14	4.63	0.34	15.00	2.10
2006	21.03	7.64	7.49	2.22	5.33	0.41	15.93	2.30
2007	19.11	6.67	7.27	1.99	5.61	0.47	16.86	2.44
2008	17.67	5.58	7.20	1.80	5.50	0.50	16.46	2.51
2009	18.42	4.37	7.73	1.53	6.58	0.50	19.32	2.23
2010	17.99	4.77	7.36	1.73	7.19	0.64	19.47	2.66
2011	17.12	4.51	7.06	1.71	7.02	0.69	18.44	2.78
2012	17.17	4.88	7.36	1.86	7.20	0.71	18.76	2.74
2013	16.69	4.75	7.85	1.97	7.72	0.77	19.38	2.78
2014	16.96	4.76	8.16	1.92	7.65	0.76	20.17	3.01
2015	18.06	4.60	8.87	1.67	7.73	0.70	21.82	3.03
2016	18.38	4.06	8.49	1.42	8.01	0.69	21.42	2.85
2017	19.01	3.52	8.38	1.26	8.40	0.67	21.85	2.71

资料来源：笔者根据联合国统计司数据库（UNCOMTRADE）的数据整理计算。

由表 4 - 2 可见，2016 年中国出口产品总额前十位

的产品主要是属于资本密集型的机械和运输设备以及属于劳动密集型的杂项制品，主要包括手机、通信设备与电子器件等。这些产品既有中间产品，也有最终产品。这反映了中国不但是国际分工的重要组成部分，也深度依赖世界市场。

在我国出口总额前十位产品的市场分布中，美国是最为重要的市场，排在第一位的有两类商品、排在第二位的有三类。香港市场排在第一位的有八类商品，而出口香港的很多商品最终将销往美国，如果再加上经由香港向美国出口的转口贸易，美国市场的重要性将会更加突出。因此，当前中国商品对美国市场的依存度仍然很高。前十位出口产品的出口方向较广，但其他市场的销售份额有限，中国企业寻找其他替代市场的机会成本较大，出口的市场格局在中短期内不会发生太大的变化。

表4-2　　　　　　　中国出口总额前十位产品情况（2016年）

产品名称	出口总额（亿美元）	出口份额第一国家/地区	份额（%）	出口份额第二国家/地区	份额（%）	出口份额第三国家/地区	份额（%）	出口国家总数
无线通信装置	1160	中国香港	27.59	美国	22.59	韩国	6.84	198
便携式数字自动处理机（重量不超过10公斤）	796	美国	35.93	中国香港	14.95	荷兰	8.53	195

续表

产品名称	出口总额（亿美元）	出口份额第一国家/地区	份额（%）	出口份额第二国家/地区	份额（%）	出口份额第三国家/地区	份额（%）	出口国家总数
有线或无线的电话机和其他装置	483	中国香港	37.68	韩国	12.84	越南	7.54	212
通信设备（不包括电话机或基站）	319	美国	27.52	中国香港	20.09	荷兰	6.02	210
处理器和控制器、电子集成电路	264	中国香港	59.47	中国台湾	13.03	新加坡	6.52	147
数据处理设备的零配件	250	中国香港	31.52	美国	25.56	墨西哥	5.52	208
存储器，电子集成电路	230	中国香港	38.30	韩国	31.61	中国台湾	14.13	99
除原油以外的石油、沥青、蒸馏物	152	中国香港	22.43	新加坡	14.21	菲律宾	7.76	150
贵金属珠宝及其零件	124	中国香港	73.95	美国	19.52	阿拉伯联合酋长国	1.89	46
电子集成电路	93.1	中国香港	70.57	中国台湾	10.55	韩国	4.37	150

资料来源：笔者根据联合国统计司数据库（UNCOMTRADE）的数据整理计算。

由表4-3可见，当前美国出口产品总额前十位的产品主要是资本密集型的机械和运输设备以及属于初级产品的非食用原材料。目前中国是美国最为重要的出口市场，2016年美国出口前十位产品中，中国是其中四类的最主要出口市场，分别是大豆、固定翼飞机、单片集成电路、汽车火花点火发动机，在美国出口的比重均超过了 20% , 大豆更是高达 61.20% , 汽车火花点火发动机的比重也接近 40% 。

　　与其他市场相比, 中国在美国出口市场中的重要性也非常突出, 这四类产品的美国第二大市场的出口份额要比中国市场低 10 个百分点左右, 大豆更是低出了 50 多个百分点。这说明, 美国出口的主要产品对中国市场也存在着较高的依赖, 如果双方贸易中断, 美国也很难在中短期内找到替代市场。

表 4 - 3　　　　　美国出口总额前十位产品情况 (2016 年)

产品名称	出口总额(亿美元)	出口份额第一国家/地区	份额(%)	出口份额第二国家/地区	份额(%)	出口份额第三国家/地区	份额(%)	出口国家总数
除原油外的石油、沥青、蒸馏物	573	墨西哥	26.68	加拿大	13.34	巴西	5.35	180
固定翼飞机,空载重量超过 15000 公斤	519	中国	23.86	英国	14.48	爱尔兰	7.79	60
除电子集成电路以外的单片集成电路	336	中国	20.45	亚洲其他区域	11.00	韩国	10.05	170
药物	317	比利时卢森堡	20.36	德国	11.06	意大利	8.35	171
大豆	228	中国	61.20	墨西哥	6.37	日本	4.58	80
飞机零件	228	法国	15.83	新加坡	11.05	沙特阿拉伯	6.26	154

续表

产品名称	出口总额（亿美元）	出口份额第一国家/地区	份额（%）	出口份额第二国家/地区	份额（%）	出口份额第三国家/地区	份额（%）	出口国家总数
汽车火花点火发动机（排量在1500—3000cc）	221	中国	38.37	加拿大	25.16	墨西哥	5.72	185
涡轮喷气发动机或涡轮螺旋桨发动机零件	219	法国	15.51	新加坡	13.31	德国	12.18	120
抗血清和其他血液成分	210	瑞士	14.85	德国	14.45	荷兰	10.29	144
汽车火花点火发动机（排量大于3000cc）	186	加拿大	39.05	沙特阿拉伯	11.51	墨西哥	8.65	174

资料来源：笔者根据联合国统计司数据库（UNCOMTRADE）的数据整理计算。

中美两国之间不仅贸易依存度高，而且在其他领域的利益也深度交融。从中国"入世"之后，中国持有美国国债的金额迅猛增长（图4-2），目前中国是美国最大的债权国，截至2018年8月，中国政府持有1.1万亿美元的美国国债，占中国外汇储备的比重超过1/3。因此，中美双边关系还涉及中国的外汇储备安全问题。

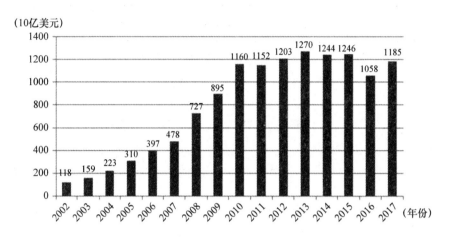

(10亿美元)

图4-2　中国持有美国国债金额

资料来源：笔者根据 Wind 数据库中的原始数据整理制作。

（二）辨明冲突性质，妥善解决不同 类型的分歧与矛盾

中美双方的分歧与冲突可分为三类。一是双方的 "道路之争"，美方认为国家战略与市场经济相冲突。 这直触中国经济和社会发展底线，中方应坚守底线、 坚决回击；二是由于价值观的差异，美方对中国的 发展模式产生的错误认识，需要在未来的对话中， 力争求同存异、消除误解；三是中国自身的确存在 的问题，也是未来中国深化改革开放的努力方向。

USTR 于 2018 年 3 月发布的《301 调查报告》和 白宫于 2018 年 6 月发布的《经济侵略报告》，均指出

了中国的相关行为、政策、实践共计 20 多类，并称为"不公平行为"和"经济侵略行为"（表 4-4）。由于存在道路之争，美国基于其国家利益，对中国的很多正常经济行为进行指责，有时甚至空穴来风、毫无依据。例如对中国的技术标准、信息搜集、人才引进计划等加以指责。对于这些指责和控诉，中国一定要坚守底线、坚决回击。也正因为中方在谈判中坚守底线，所以近期的几次谈判均未能达到美方的要求，也直接导致了美方将增加关税的威胁变为现实。但笔者认为，即使爆发了贸易战、中国对外贸易和社会福利遭受了一定的损失，坚持自身发展道路、捍卫国家尊严也是必要的。

基于 2018 年 8 月美国各界的态度与情绪，以及美国经济受到贸易战的负面影响，加之当时中期选举迫近，我们预期中美贸易战在中短期内将会缓和，双方将重新回到谈判桌上协商解决经贸领域的分歧与冲突。谈判的重点应放在"消除误解"这一领域，对于美方对中国发展规划的错误解读进行权威、细致、科学的阐释，以求同存异为指导思想，以化解分歧与冲突为目标，力争增强中美双方的价值认同，从而妥善解决贸易摩擦与争端。对于自身存在的问题，应该正视，并且需要制定中长期的改革方案。

表 4 - 4   美国对中国指控的内容分类

指控类型	谬论及直触底线的问题	价值观差异所致的误解	中国自身存在的问题
指控内容	（1）实物窃取活动 （2）网络间谍活动 （3）逆向工程 （4）国外所有权限制 （5）行政审批和许可要求 （6）知识产权限制 （7）安全审查 （8）技术标准和检查干预 （9）歧视性的分类和目录 （10）强制性研发本土化 （11）反垄断勒索 （12）党干预公司治理 （13）合资企业内安插中方员工 （14）原材料出口限制 （15）买方垄断势力 （16）公开搜集科技信息 （17）非传统信息搜集人员 （18）人才引进 （19）海外投资主体 （20）以对外投资获取技术	（1）规避美国出口管制法 （2）仿制和盗版 （3）技术标准和检查干预 （4）数据本土化规定 （5）党组织在企业中的作用及国家战略	（1）仿制和盗版 （2）电信等服务业的外资股比限制 （3）政府采购限制 （4）国有企业经营模式
应对策略	坚守底线、坚决回击	澄清误解、求同存异	正视问题、深化改革

资料来源：笔者根据美国 USTR《301 调查报告》和白宫《经济侵略报告》整理而得。

（三）正视自身问题，以深化改革开放，从根本上解决贸易摩擦

根据此次中美贸易摩擦所围绕的焦点问题，以及中国经济发展的现状，笔者认为中国各界未来需要在以下方面做出努力，全面推进市场化改革。

　　第一，进一步加强知识产权保护。多年来，中国在知识产权保护方面取得了长足的进步，但由于历史原因，当前在知识产权保护领域还存在诸多问题。一是全民的知识产权保护意识较低，重视程度依然不够；二是知识产权生态环境处于低水平，无形资产不能快速有效地产生效益；三是惩罚力度有限、侵权成本很低；四是缺乏专业的执法人员和鉴定机构。实际上，知识产权保护是一国根据自身经济发展而采取的政策，根据当前中国的发展水平，严格保护知识产权对自身更为有利。当前中国加强知识产权保护将会促进本国的创新，提高相关产业的国际竞争力。国家也已经意识到当前存在的问题，为促进本国的产业升级和科技创新，2018 年以来已经接连出台多项加强知识产权保护的政策并重新组建了国家知识产权局。未来需要充分发挥执法机构的作用，并且对相关政策严格落实。

　　第二，进一步降低外商投资壁垒。2017 年以前，中国在制造业、金融、电信等服务业都存在较高的外商投资限制。根据 OECD 发布的统计数据，2017 年中国在全部行业的外资进入壁垒位居世界第四，制造业投资壁垒位居第六，金融业排在第二，而电信业和传媒业的外资进入壁垒位居全球首位。根据 2018 年版外资"负面清单"，到 2021 年中国将取消全部金融业的外资股比限制，2022 年制造业将基本全面放开。各界需要贯彻"负面清单",将各项政策落到实处。进一步地,未来在兼顾国家安全的同时逐步打破行业垄断,降低电信等行业的外资进入壁垒,是中国深化改革、扩大开放的必经之路。

第三,放宽政府采购限制。WTO 的《政府采购协议》(GPA)是一项多边协议,即成员自愿签署的协议,并不属于加入 WTO 所需签订的一揽子协议的范围。因此,中国在 2001 年加入 WTO 时,并没有同时签署 GPA,只是承诺愿意接受,但谈判事宜另行安排。尽管不加入 GPA 并不违背入世承诺,但如果中国加入政府采购协议,不仅可以让中国企业额外参与到每年采购额高达数万亿美元的各成员的政府采购市场的竞争中去,也可以借助协议的基本原则净化自己的政府采购市场,减少甚至杜绝我国在政府商品采购以及政府工程项目招投标和发包领域中的腐败行为。未来政府相关部门需要尽快制定有益于各方的出价方案,力争尽快加入《政府采购协议》。

第四,优化与重塑市场微观主体。尽管国有企业改革已推进多年,但目前国企还普遍存在政企不分、效率低下等问题,未来需要努力提高国有企业的经营效率,在一些特定行业逐步引入竞争,使国有企业真正成为自负盈亏的市场主体。与此同时,进一步激发市场活力,为民营企业的发展壮大提供良好的营商环境。未来各级政府要构建推动民营经济高质量发展的体制机制，从制度层面形成有效的全方位支撑体系。坚持科技创新与产业发展相融合，促进科技资源成为民营经济高质量发展的强大动能，使科技与资本、产业、市场有效对接。优化政商关系，加强联系服务，激发和保护企业家精神。

第五，努力落实"宏观调控有度"。党的十九大报告提出"着力构建市场机制有效、微观主体有活力、宏观调控有度的经济体制"的目标。"宏观调控有度"意味着需要调整政府对经济管理和调控的方式，具体应该从以下方面把握。一是加快构建以市场化为导向的宏观调控体系，以更彻底的放权，更严格的监管，更精准的服务，开展行政许可权改革试点。二是进一步加快政府职能的转变，厘清政府与市场边界，提高政务服务便利化水平，为企业松绑，让企业受惠。三是注重产业政策的精度、力度和效度，明确扶持方向，强调精准施策，细分产业类型，分清主次、轻重，注重政策效果，建立科学的指标体系来测度实施效果。

（四）坚持多边原则，积极参与 国际经贸规则重构

中美贸易摩擦折射出美国重构国际经贸规则的意

图。在中美贸易摩擦的过程中，美方的种种行为表现出美国对现行的多边贸易体制不满，试图颠覆当前的WTO规则体系，重构国际经贸规则，将更高的标准纳入全球贸易规则之中。例如美国对中国未履行"入世"承诺的指责，美欧达成签署自贸协定的意向，美国同加拿大、墨西哥重谈北美自贸协定，甚至特朗普直接宣称有可能退出WTO。

国内各界需要认识到，坚持多边贸易体系更符合中国利益，也符合世界利益。WTO体系的健康运转，不仅使中国分享了全球化红利，实现了经济迅速增长；而且WTO是对接发达国家和发展中国家的全球性组织，在全球价值链分工体系下使发展中国家和发达国家均能从全球多边贸易体系中获得贸易和投资收益。

近年来WTO运行效率低下，特别是WTO的争端解决机制备受诟病，WTO改革已成为众多国家的共同诉求，除美、欧等发达经济体之外，新兴国家、发展中国家以及话语权弱的国家，对维护全球自由贸易体系以及对捍卫自身发展利益表现出强烈的愿望，发出了要参与和主导WTO体系和规则变革的强烈信号。中国要发挥大国的责任与担当，力争发挥主导作用，同各国一道共同维护多边贸易体制，推动经济全球化朝着更加开放、包容、普惠、平衡、共赢的方向发展。

从趋势来看，市场经济、技术转移、知识产权保护、产业政策、国有企业等问题均可能成为未来 WTO 的管辖议题。中国还是要以积极的态度不断推进改革开放，在多边体系的变革中贡献中国智慧和中国方案。为此，中国需要主动参与新的全球贸易框架及规则制定，有力破解美国的围堵态势。美欧日零关税自由贸易协定会对中国形成一定的制约，但不必过于悲观，且并非不可破解。美国、欧盟、日本均属于发达经济体，在当前全球价值链分工中居于顶端，三者的零关税自由贸易协定只是将上游的海平面打平，但仍然需要以中国为代表的发展中国家参与全球价值链分工的中下游，而且离不开中国巨大的消费市场。因此，一方面，中国可以主动联合东盟、南美、非洲与"一带一路"沿线国家，寻求稳定的国际协调机制；另一方面，中国应积极寻求与发达经济体就自己可承受的行业签订自贸协议或者通过谈判寻求实施自贸协议的"过渡期"，尽力避免贸易战升级扩大，为等待新技术革命破解逆全球化趋势争取时间。

（五）探索稳定信心的方案与策略，应对不利的外部冲击

未来中国各界要避免因为贸易摩擦的升级而中断国内结构性改革与系统性风险的防范。中国应做好中美贸

易战被动升级为汇率金融战和经济战的准备。因此，在国内房地产泡沫已经不断积聚，企业、地方政府及居民杠杆率已经较高的情况下，应避免走货币放水、全面刺激的老路。宏观经济政策应防止货币政策过于宽松，保持宏观去杠杆的态势，在货币政策空间较为不足的情况下，全面减税，改善实体经济盈利，打击金融投机心态，治理脱虚向实，为国家经济增长带来新的动力。

最新的统计数据表明，近期中国宏观经济未受到贸易战的严重冲击，但股市、汇市出现了一些不良反应。实际上，中国当前的宏观形势稳步向好，中国各界应保持足够信心。当前基本面良好，总供求更加平衡，增长动力加快转换。中国经济结构进一步优化，应对外部冲击的能力不断增强。内需对中国经济的拉动不断上升，贸易依存度、经常项目顺差占 GDP 的比重也逐年下降。所以，中国经济应对外部冲击的能力不断增强，经济内生潜力巨大，有充分的条件和空间应对好来自外部的负面冲击。政府、媒体、智库需要向各界阐明这些问题，增强各界信心和抗压能力，将贸易战的不利冲击降到最低水平。

（六）科技立国，加大研发投入，产出原创性领先技术

中美贸易摩擦过程中出现的"中兴事件"折射出

中国核心技术受制于人，其根源在于中国基础研发投入不足、研发产出质量不高。未来中国既要保证研发投入的增长，更要注重其实施效果，其核心着力点在于加强基础研究、产出原创性技术。

目前，中国在基础研究和专利质量方面，仍与美国存在很大差距。由图 4-3 可见，虽然中国与美国之间 R&D 支出的差距不断缩小，但是从 R&D 支出结构来看，中国主要注重试验发展阶段的投入，2016 年占比达到 84.2%，而基础研究投入则严重不足，占比仅有 5.1%，基础研究以及应用研究投入占比合计为 15.8%。相比之下，美国在基础研究领域投入占比达到 16.9%，基础研究以及应用研究投入占比合计达到 36.4%。特别是在联邦政府层面，除了国防部外其他部门（包括能源部、NASA 等）基本以资助基础研究

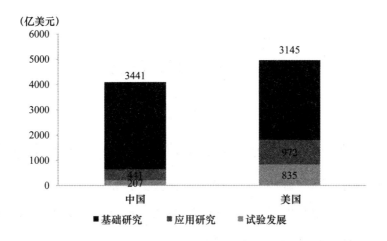

图 4-3　中美研发支出结构对比（2016 年）

资料来源：笔者根据 Wind 数据库中的原始数据整理制作。

与应用研究为主，即使国防部资助的试验发展也是以先进技术与重要系统开发为导向，并且孕育了 ARPA-NET（阿帕网，因特网的前身）、GPS（全球卫星定位系统）等重要发明。

此外，尽管中国专利申请数近年来已大幅超过美国，但是，中国有效专利则始终与美国保持较大的差距，目前仅为美国的 64％，在专利实际转化方面以及提升专利质量方面，中国仍然任重道远。

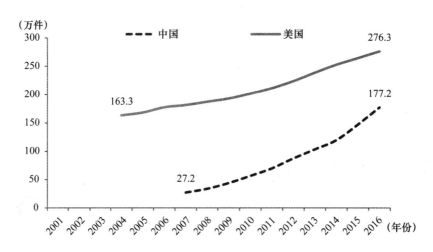

图 4－4　中美有效专利数量对比

资料来源：笔者根据 Wind 数据库中的原始数据整理制作。

当前，在中国经济发展的过程中，呈现出多数产业大而不强、处于全球价值链的中低端、关键核心技术受制于人的局面，一个重要原因在于基础研究积累不够、原始创新和科技源头供给不足，也制约了集成创新和引进消化吸收再创新能力的进一步提升。而基础研究具有基础性、战略性、先导性、公益性、探索性等特点，涉及科技、经济、社会各领域，周期长、风险大。所以，从国家层面上加强战略布局非常重要。因此，未来中国迫切需要加强基础研究，促进原始创新和科技源头供给，加强战略布局和高水平科研基地和平台建设。

王孝松，中国人民大学经济学院教授、国家发展与战略研究院研究员，研究方向为国际贸易。

刘晓光，中国人民大学国家发展与战略研究院副教授，研究方向为宏观经济学。

武皖，中国人民大学经济学院博士研究生，研究方向为国际贸易。